CHRISTIAN JOHANNES PICHLMEIER

LEBENSWUNDER – LEBENSWUNDEN

VERSE ÜBER UNSER DASEIN

- GEDICHTBAND -

CHRISTIAN JOHANNES PICHLMEIER

LEBENSWUNDER –
LEBENSWUNDEN

VERSE ÜBER UNSER DASEIN

- GEDICHTBAND -

Re Di Roma-Verlag

Bibliografische Information der Deutschen Nationalbibliothek:
Die Deutsche Nationalbibliothek verzeichnet diese Publikation in der Deutschen Nationalbibliografie; detaillierte bibliografische Daten sind im Internet über http://dnb.ddb.de abrufbar.

ISBN 978-3-86870-379-5

Umschlagmotiv: Göttenberg;
Foto(s) von Christian Pichlmeier

www.rediroma-verlag.de
14,95 Euro (D)

- Inhaltsverzeichnis -

- Inhaltsverzeichnis -

- Inhaltsverzeichnis -

- Inhaltsverzeichnis -

- Inhaltsverzeichnis -

„Wenn die Menschen nur über das sprächen, was sie begreifen,
dann würde es sehr still auf der Welt sein.“

\- Albert Einstein

Mein besonderer Dank gilt:

Günter, Marianne und Bahar

Für Ria

- Vorwort -

Sehr geehrte Leserin, sehr geehrter Leser,

Sicherlich ist jemand von Ihnen schon einmal an einem markanten Punkt im Leben angelangt, an dem sich etwas drastisch für einen verändert hat. Oftmals sind es einschneidende, große Ereignisse, die ihre Schatten weit voraus werfen, ein anderes Mal aber auch kleine, für Außenstehende kaum oder gar nicht wahrgenommene Momente. Es sollen beide erwähnten Arten sein, im Positiven, wie auch im Negativen, die in diesem Gedichtband näher beleuchtet werden und unseren Weg durch das Leben pflastern - eben „Lebenswunder - Lebenswunden". Natürlich schreibe ich aus meiner persönlichen Perspektive, jedoch wird sich der ein oder andere sicher in meinen Versen wiedererkennen.
Ich lade Sie herzlich dazu ein, einen Bruchteil in unserem ereignisreichen Dasein inne zu halten, um so manche Lebenssituation aus einer vielleicht anderen - oder genau derselben Sicht zu sehen.
Dazu möchte ich sagen, dass meine Zeilen durchaus einen tieferen Hintergrund haben sollen, aber auch bitte nicht immer allzu ernst genommen werden dürfen und einige mit einer gewissen Prise Humor geschrieben sind, wobei eine mögliche Aussage ein jeder für sich selbst finden mag.

Und nun: Viel Spaß damit!

Christian Pichlmeier

Morgendämmerung

Von weitem scheint der weiche Himmel rot bemalt,
Erkenne ich von hier, die Sonne erstmals strahlt.
Der Horizont von jenseits dieses neuen Landes,
Wird gezeichnet in Forme eines klaren Randes.

Zuerst war es still und düster, auch ein wenig kalt,
Doch nun höre ich und fühle ich in neuer Gestalt.
Der Neubeginn bringt Unbekanntes - so auch Mut,
Diesmal wird es anders, bin nicht mehr auf der Hut.

Losgelassen von des stechend Schmerzes tief in mir,
Beginne ich den Tag ganz frisch und ohne jede Gier,
Die pure Leichtigkeit der ersten Stunden behalte ich,
Frohsinn und die Dankbarkeit übertrage ich auf dich.

Die Wahl des Unbekannten werd‘ ich immer nutzen,
So manch ein träger Kamerad wird staunend stutzen,
Die Möglichkeit für neue Träume ist in jedem Herz,
Vergessen muss ich bloß den unbedeutend Schmerz.

Das Ziel vor Augen

Ich habe heute einen kühnen Plan, der funktionieren wird,
Hier bin ich und dort will ich möglichst bald gelangen hin,
Der Preis wurde kalkuliert, ich bin meines Schicksals Hirt,
Der Weg wird schwer, aber danach weiß ich, wer ich bin.

Bevor ich aufbreche, brauche ich eine stärkend‘ Stütze,
Die mich erinnert, warum ich diesen harten Pfad beschreite,
Denn er wird steil, es kann sein, dass ich oftmals stürze,
Doch der Beschluss steht fest, ich suche nun das Weite.

Nun bin ich unterwegs, weiß genau, es dauert nur zu lange,
Erste Hürden übersprungen, dies kräftigt meinen Glauben,
Der mir gibt Kraft, um zu meistern das Gefühl von Bange,
Denn dies kann mich auf der Reise meines Mutes berauben.

Ich kann erkennen in naher Ferne das mir so wichtig‘ Ziel,
Es wird größer, doch ich bin schon in den letzten Zügen,
Ich sammle Energiereserven, um nicht zu verlieren allzu viel,
Von der Freude, die mich lockend einlädt zu neuen Flügen...

Abschied

Ein letzter Gruß, ein letztes Wort,
Von nun an bist du für ewig fort,
Der Tag heute nun gekommen ist,
Hier an dem du fortgegangen bist.

Ist das die Art, wie wir uns trennen,
Nach langer Zeit, die wir uns kennen,
Vom Schicksal wohl so vorherbestimmt,
Wir so manchen steilen Berg erstürmt.

Die Zukunft wird nur zu triste sein,
Der Abschied geht durch Mark und Bein,
Das Morgen wird sehr farblos werden,
Voller Einsamkeit und Beschwerden.

Ich wünsche dir stets alles Gute nur,
In einem neuem Land, mit Friede pur,
Was auch geschieht, wie es auch geht,
Ich spüre, wie die Hoffnung weht.

Im Wald

Er ist da, man kann ihn deutlich spüren,
Der Atem, der rauschend von ihm weht,
Der Wind, in dem sich alle Blätter rühren,
Der bloße Geist des Waldes um sich geht.

Er ist der Hüter all der verlorenen Tiere,
Bei ihm sind sie Tag und Nacht daheim,
Sie wissen es, denn hier herrscht Ruhe,
Doch hoffen sie, dass es bleibt geheim.

Die Stille, die man findet unter jedem Ast,
Die reinigende, klare, unverbrauchte Luft,
Hilft dir, zu entdecken deine innere Rast,
Und abzulegen, so manch' schwere Kluft.

Dort ist man allein, doch niemals einsam,
Unter Bäumen, die auf dich nieder sehen,
Man ist vereint, mit der Natur, gemeinsam,
Es lohnt sich, diese Welt innig zu begehen.

Humor

Ohne ihn wär' die Welt schier trist und spröde,
So manche angespannte Situation ohne Biss,
Der Witz des Momentes wär' ziemlich blöde,
Das sag' ich jetzt und zwar ganz ohne Schiss!

Sich selbst nicht immer all zu ernst zu nehmen,
Ist vital, dem rigiden Leben eine Auszeit zu bieten.
Niemand ist perfekt, es muss sich keiner schämen,
Vielmehr soll man auch dankbar sein für die Nieten.

Nur Erfolg zu haben, dafür aber nie ein Lachen,
Wär' wie Gewinn ohne jeden ersehnten Genuss,
Wer stets in Perfektion lebt, der soll nur machen,
Aber nicht begehren den Spaß ohne Verdruss.

So manche brenzlig' Situation in unserem Dasein,
Wird gewürzt und oft auch ziemlich stark entschärft,
Wenn wir schmunzeln und ihn lassen gern herein,
Den Humor, der uns davor schont, zu sein entnervt.

Dort draußen

Dort draußen ist es kalt im Dunkeln,
Nichts als Staub im reinen Vakuum,
Von weitem sieht man Sterne funkeln,
Planeten fliegen um die Sonne 'rum.

Doch von Nahem aus genau betrachtet,
Wunder, wie man sie nirgends findet,
Riesen, Zwerge, Löcher und Kometen,
All dies erfahren wir nur durch Raketen.

Im Weltraum gelten andere Gesetze,
Die Zeit scheint gleich, doch ist sie anders,
So auch der Raum - er verbirgt Schätze,
Wenn er sie zeigen will - dann kann er's.

Von hier aus, alles hat zuerst begonnen,
Und hier auch alles wird sein zerronnen,
Doch für wen nur all die leere Schönheit,
Wenn keiner da, der sieht diese Feinheit?

Ganz neue Energie

Eine neue Energie durchströmt mich und zeigt mir den Weg,
Sie umhüllt mich und ermutigt mich zu betreten einen Steg,
Der führt in eine neue Welt, die mir vorher war ganz unbekannt,
In der es anders wird, in der all die Grenzen sind abgebrannt.

Diese Energie gibt mir einen Auftakt zum vollen Neubeginn,
Sie hilft mir zu überwinden so manche tiefgelegen Scheu,
Sie weist mir die Richtung und schärft meinen stumpfen Sinn,
Sie entfacht ein Jahre lodernd Feuer, das nun brennt im Heu.

Die Kraft, die jetzt so einzigartig in mir züngelt rasch empor,
Befähigt mich, rasch zu erledigen viel aufgeschoben‘ Arbeit,
Vor der ich Angst gehabt und die ich nun auf einmal verlor -
Aus den straffen Fesseln des Unterbewussten jetzt befreit.

Dieser harte Schild, der mich bei meiner neuen Reise begleitet,
Macht mich schützend unantastbar, da ich sicher auf ihn reite,
Doch wie jede erleuchtend‘ Energie kommt auch sie von Nichts,
Möge sie ewig halten und heilen die alten Narben des Gesichts.

Kurz vor der Prüfung

Der Moment ist nahe, nun wird es eng,
Man weiß, jetzt kommt es darauf an,
Der Puls steigt, im Kopf macht's: Peng!
Das Adrenalin schleicht lauernd heran.

Jetzt ist's vorbei, es gibt kein Entrinnen,
Man ist bloßgestellt, kein Schutz mehr da,
Sich fügen, heißt's, sich voll entsinnen,
Was man gelernt, all die Tag' und Jahr'.

Die Ruhe vor dem aufkochend' Sturme,
Wünscht einem singend: „Alles, alles Gute!",
Man fühlt sich wie ein erbärmlich' Wurme,
Man muss beweisen, was unter seinem Hute.

Die Zeit läuft, jetzt soll's hier beginnen,
Das Papier schön weiß, das hat man gern,
- Man fühlt: man kann sich nicht besinnen,
Man denkt sich: „Ohne mich - Meine Herrn!"

Bescheidenheit

So mancher will groß hinaus und stürmen weit nach vorn,
Zu erreichen sein hoch gestecktes Ziel, das nur allzu weit,
Um nicht zu sehen, was er bereits vor langer Zeit verlor,
Seinen inneren Frieden, der auf seiner Reise ging entzwei.

Dabei liegt doch das größte Glück oftmals nur allzu nah,
Man muss einfach öffnen seinen Geist für kleine Freuden,
Die einen täglich grüßen und man meistens aber übersah,
Da sie auf einen wirken zu banal und uns immer kleiden.

Nicht danach streben, was andere scheinbar gerne haben,
Ist vital, man lieber soll hören auf die leise Stimme innen,
Die tief in uns schlummert - nicht rennen, sondern traben,
Und sich immer auf die kostenlose Dankbarkeit besinnen.

Das Schicksal spielt sehr gerne einen unerwarteten Streich,
Doch zu überwinden manch brennend‘, pochend‘ Schmerzen,
Ist wichtig, denn mit Bescheidenheit wird man immer reich,
Nicht bloß des Geldes wegen, sondern vielmehr im Herzen.

Die Zukunft schweigt

Von weiter Ferne blickt sie uns wartend an,
Mächtig durch des wilden Sturmes Drang,
Einen bloßen Eindruck, der erschüttern kann,
Und kein Erbarmen zeigt in seinem Klang.

Sie schreitet auf uns zu mit schnellem Schritt,
Es niemals nicht ein Entrinnen geben wird,
Sie holt uns immer ein und startet einen Ritt,
Der unaufhaltsam unser kurzes Leben definiert.

Sie ist das Feuer, in dem wir stets verbrennen,
Ein wildes Raubtier, das uns ewig auflauert.
Den rauen Kampf wir jedoch nur beenden,
Wenn man nicht um die Augenblicke trauert.

Das Siegel, das vor jenem holdem Tore hängt,
Wir niemals durchbrechen werden können.
Es ist das Geheimnis, das uns stets bedrängt,
Doch wir uns das Leben somit oft missgönnen.

Das weiße Blatt Papier, das so zerbrechlich,
Vom Winde kläglich fortgerissen werden kann,
Das einen geheimen Pfad verbirgt in sich,
Zieht die Menschheit hoffend in seinen Bann.

Die Zukunft hält sich alle Möglichkeiten offen,
Sie ist nicht versteinert und noch nicht bestimmt.
Sie erinnert, wo sich die Wege haben getroffen,
Und manchen unerreichbar steilen Berg erklimmt.

Den raren Moment man stets genießen soll,
Die Zeit uns auf der Reise immer begleiten wird.
Und uns alle auf ewig daran erinnert friedvoll,
Dass er begrenzt ist und nur einmal passiert.

Denn was man schweren Herzens zurücklässt,
Für uns alle bei Weitem nicht so wichtig ist,
Wie man gelebt hat, ob mit Trauer oder Fest,
In diesem unbekanntem Lande ohne jede Frist

Kismet

Man glaubt kaum, was denn alles möglich sei,
Man denkt, Hollywood bringt die besten Coups,
Doch in Wahrheit ist es vielmehr das Leben,
Das erzählt die interessantesten Geschichten.

Was im ersten Moment für einen völlig undenkbar,
Ist im zweiten schon längst ganz real geschehen,
Manches scheint einem schier unmöglich zu sein,
Aber es ist geschehen und keine erdachte Fiktion.

Es müssen erst viele Zufälle zusammenkommen,
Dass das eine oder andere Ereignis findet statt,
Oftmals entscheidet eine winzig kleine Handlung,
Über den Ausgang der Richtung einer Lebenslinie.

Eine Ereigniskette kann nur in Gang gesetzt sein,
Durch eine unbedeutende Laune des Schicksals,
Durch stechend' Ironie angehaucht, fragt man sich:
Warum musste es denn so kommen - Weshalb?

Der Frühlingstag

Dies ist der erste Tag, der mir auf einmal ganz neu gesonnen,
Als ich erwachte und den neu geboren‘ Horizont frisch erblickte,
Dessen zärtliche, warme Sonnenstrahlen mich sanft weckten,
Die mich von nun für lange Zeit in die Zukunft werden begleiten.

Ich bin da, der Tag kann kommen, egal was er auch bringen mag,
Meine Laune ist wie neu erschaffen, genau wie das Grün draußen.
Die Vögel verkünden mir in aller Frühe ihre morgendliche Freude,
Sie sind gänzlich frei und ohne jede schwer bedrückende Sorge.

Die dunkel lastend‘ Kluft des kalten Winters ist nun abgestreift,
Sie viel zu lange müde verweilte auf meinem erstickten Gemüte,
Welches war bedeckt von ewiger Kälte und düsterer Stimmung,
Doch dies alles ist nun vorbei und ich genieße jeden Augenblick.

Voller Elan und Tatendrang, wie ich ihn schon lange hab’ vermisst,
Geht mir vieles locker von der Hand und blicke völlig optimistisch,
In eine frische Zukunft voller Leichtigkeit mit vielem Unbekannten,
Doch bin mir bewusst, die Zeit kommt, da wird es wieder Herbst.

Hoffnung

Sie ist ein Schimmer, der von ganz weit weg,
Einem neuen Aufschwung doch noch gibt,
Wenn man denkt, es gibt niemals einen Steg,
Der wieder führt zum Glück, das so geliebt.

Sie ist ein Anker, der vor dem Untergang rettet,
Wenn man ohne Orientierung treibt im Meer,
Das so groß und ungeheuer, dass man wettet,
Es ein Pfad ist, dem man allein nicht wird Herr.

Sie ist ein Fels, an dem man sich fest klammert,
Wenn der tiefe Absturz steht unmittelbar bevor,
Man hat nichts anderes gemacht als gejammert,
Und man die letzte Zeit am meisten täglich verlor.

Doch dieser eine Glaube ist für jeden essentiell,
Denn es kommt bald auch eine andere Phase,
In der es steil empor geht, mit neuem, klaren Ziel,
Das nicht so schnell platzt wie eine Seifenblase.

Ein Geist aus der Vergangenheit

Ich bin tief verwurzelt in meinem alltäglichen Dasein,
Da wird mein Name laut gerufen, von einer Stimme,
Die mir bekannt ist; ich kann sie noch nicht zuordnen,
Doch der warme Klang ist mir vertraut - ich kenne sie.

Ich blicke desorientiert zu ihrem zugehörigen Antlitz,
Weiß noch immer nicht so recht, wem dieses gehört,
Aber nun durchfährt es mich wie ein geladener Blitz,
Es ist jemand, den ich lange, lange Zeit nicht gesehen.

Auf einmal werden die alten Erinnerungen in mir wach,
An eine Zeit, in der ich viel mit der Person erlebt habe,
Es war jemand, der mir damals hat sehr viel bedeutete,
Doch der Kontakt brach ab durch den Weg des Lebens.

Ich sammle mich nun und fühle mich weit zurückgesetzt,
Wie in ein anderes Leben, das man einmal hat gelebt,
In der vieles anders war, doch der Sprung erfolgt abrupt,
Und alles wird rapide in das Hier und Jetzt transferiert.

Ich bin plötzlich wieder verankert in der Vergangenheit,
Als hätte es nie irgendeine verstrichene Zeit gegeben,
Man unterhält sich über das Jetzt, was man alles macht,
Und man stellt fest, dass vieles hat sich doch geändert.

Ich verstehe mich gut mit dem Geist, der mich begleitete,
Und ich weiß, der Abschied steht schon wieder kurz bevor,
Doch mich durchfährt eine Wehmut, die mir deutlich sagt,
Dieser Abschnitt ist vorbei und ich lebe im neuen Heute.

Konkurrenz

Sie kommt oft schleichend, ohne sie zu bemerken,
Man nimmt sie meist gar nicht wahr so recht zuerst,
Man fühlt sich doch viel zu wohl in der eigenen Haut,
Als dass man merkt, was um einen herum passiert.

Der erste Schlag vors Gesicht ist erst von Nöten,
Um zu erkennen, dass man von nun mehr tun muss,
Als gewohnt, um zu erhalten den alten Status Quo,
Der oftmals einem gar nicht mehr richtig ausreicht.

Nun ist Schluss damit, man wird alles daran setzen,
Dass die Situation erst gar nicht wird wie gewohnt,
Diverse Energiereserven werden ab jetzt mobilisiert,
Um etwas zu verändern, und zwar: klar im Positiven.

Die Konkurrenz sollte es nicht bewusst registrieren,
Doch die neuen Ergebnisse werden nach und nach,
Bänder sprechen, die nicht nur andere beeindrucken,
Sondern vielmehr doch eigentlich einen selbst allein.

Moral

Sie ist eine Stütze, die uns hilft, zu überqueren manch‘ dunkles Tal,
Das lauert, voll von all den Tücken, süßen Verlockungen und Fallen,
Es liegt an einem selbst nur - es ist eine eigene angeschaffen’ Wahl,
Ob man sich ihm hingibt, oder es überquert mit haltenden Brücken.

Die Stärke, ‘nein’ zu sagen ist oftmals schwer nur zu demonstrieren,
Denn gegen den Strom schwimmen und zu lassen, was gerade ‘in’,
Benötigt an Überzeugungskraft, die es heißt, ständig zu trainieren,
Denn es macht auf den ersten Blick manchmal keinen tieferen Sinn.

Die Auswirkungen werden meist erst zu späterer Zeit klar ersichtlich,
Wenn andere sind tief gefallen und finden nun mehr keinerlei Halt,
Sie finden keinen Sinn und ihre einstige Energie wirkt zerbrechlich,
Doch sie werden sich dessen nun zu spät bewusst und werden kalt.

Das Menschliche in einem und auch traditionelle Werte und Normen,
Haben einen tiefen Sinn, sie sind in uns seit Anbeginn der ersten Zeit,
Sie haben uns immer geholfen, unser Inneres warmherzig zu formen,
Um zu verzichten auf Eigenheiten wie Lüge, Betrug und Grausamkeit.

Ehre deine Narben

Es ist ein Schock, zu erhalten eine tiefer gehend‘ Wunde,
Die tief bis ins Fleisch reicht und weiter zu den Knochen,
Sich bewusst, dies wird einen zieren bis in ewige Stunde,
Man spürt die Schmerzen, die nun länger werden pochen.

Wenn die erste Blutung ist gestillt, man versucht zu kurieren,
Die Wunden, die nun ach so frisch nicht nur auf der Haut,
Sondern vielmehr man muss tiefer in sich nun akzeptieren,
Dass man weniger makellos ist, sich nicht mehr alles traut.

Man sieht jetzt auf dem ersten Blick, dass eine Verletzung,
Einen hat geprägt, dass sie einen schwer hat bangen lassen,
Jedoch gibt sie einem Kraft und ist oftmals eine Absicherung,
Acht zu geben und zu bedenken, die Narben nicht zu hassen.

Denn sie machen einzigartig und erzählen eine Geschichte,
Sie machen dich erst zu dem, was aus dir nun geworden ist.
Ein Leben, was nur gerade verläuft, fällt selten ins Gewichte,
Es sind die Umwege, die dich zu dem geleiten, was du bist.

Vor dem Osterfeuer

Um uns herum ist es kalt und dunkel, keine Wärme,
Doch in unserm Zentrum, da brennen die Scheiter,
Die uns Hitze spenden, die man sucht in der Ferne,
Aber zu nah nur findet, Dank dir, du Wegbegleiter.

Wir blicken ins knisternd‘, lodernd‘, lockend‘ Feuer,
Das uns unsere Zukunft zeigt, in der wir sind Staub,
Wir riechen den bekannten Geruch, der auch heuer,
Uns daran erinnert, auch wir werden einmal zu Laub.

Wir hören aus weiter Ferne Schritte deiner Helfer,
Die entzünden die Kerze, die das Jahr wird brennen,
Sie verkünden deine baldig’ Auferstehung, die selber,
Mehr bedeutet, als unser bisher Leben hier auf Erden.

Heute ist die Nacht, die alles für immer veränderte,
In der du brachtest Licht ins Dasein, das uns so trist;
Dein Opfer verbannte alles Unheil, das uns ärgerte,
Bis in alle ewig Zeiten, oh, du heiliger Jesus Christ.

Erbauer und Zerstörer

Seit je her teilen sich all die Menschen in zwei Gruppen,
Es ist so gewesen und so wird es auf ewig immer bleiben,
Der Beweggrund dieser beider unterschiedlich' Truppen,
Ist bei den einen Erbauen und bei den anderen Zerstören.

Die einen geben sich hin all ihrer eigen Phantasie und Mühe,
Zu erschaffen etwas Neues, was noch niemand hat erblickt,
Sie versuchen, zu kreieren etwas Schönes, was stets erblühe,
In unserer Welt, um sie zu verbessern - und das geschickt.

Die andern wollen nichts, als zu verderben des einen Glücke,
Sie erfreuen sich daran, etwas Heiles zu zerlegen in die Teile,
Durch Betrug, Verbrechen oder Diebstahl und manche Tücke,
Holen sie sich zurück, was sie verloren in ihrer seelisch' Eile.

Es gilt zu entscheiden, auf welcher Seite man will verweilen,
In diesem Leben, an diesem heutig' Tag und in dieser Stunde,
Denn den Entschluss hat man tief in sich selber auszufeilen,
Doch ein Weg führt früher oder später zu einer Seelenwunde.

Der Sinn im Glauben

Es fällt oftmals nicht leicht, darüber zu springen,
Über den Graben der düsteren Ungewissheit,
Über das Tal des Unbekannten und des Neuen,
Es braucht an Mut und tiefer Entschlossenheit.

Doch manche ungeklärte Fragen in uns drinnen,
Können nur durch den Glauben geklärt werden,
Er hilft uns meistens weiter und gibt Aufschluss,
Über Dinge, die die Wissenschaft nicht erklärt.

Der Glaube gibt uns Trost und neue Hoffnung,
Für eln Dasein, das Sinn macht und Zweck hat;
Er überhaupt erst macht Vieles im Leben wichtig,
Lässt uns unterscheiden, was vital und was trivial.

Manchmal entsteht er durch die bloße Intuition,
Er ist rudimentär in uns und lässt sich ausbauen,
Zu einer ganzen Philosophie und Lebensweise,
Die uns den rechten Weg zeigt und uns begleitet.

Russland

Es war und ist ein mächtiges Land,
Mit vielen Stürzen und Geburten,
Vieles zerbrach und heilte wieder,
Doch seine Präsenz ist immer da.

Die Menschen gehören zusammen,
Wie eine treue Familie, die sich liebt,
Sie feiern gerne und leben den Tag,
Wie er kommt und sind zufrieden.

Kunst, Architektur, Musik und Literatur,
Im großen Stil und nicht spartanisch,
Prunkvoll und in keiner Weise sparsam,
Wird sie zelebriert und demonstriert.

Die Sprache warm und ausgeschmückt,
Klingt sie wie eine fließend Melodie,
Erinnert an eine Gastfreundlichkeit,
Die man sonst nur selten kennenlernt.

Wissensdurst

Es ist ein Bedürfnis, fundamental wie Hunger,
Das den Menschen seit je her stets begleitet,
Es treibt ihn voran, wie eine tiefe innere Kraft,
Die ihm hilft, zu kreieren neue Möglichkeiten.

Sie ist wichtig, zu erweitern den eigen‘ Geist,
Denn wer intellektuell auf Dauer immer ruht,
Verliert an Dimension, er hat keinen Einblick,
In unsere Welt - wie sie funktioniert und lebt.

Permanente Information und auf ewig lernen,
Ist ein wichtig‘ Ziel des Lebens und des Seins,
Sich zu entwickeln und stetig weiterzubilden,
Bringt tiefes Verstehen und kreative Ansicht.

Die Welt vollends zu sehen und zu verstehen,
Wird trotz intensiver Bemühung niemals möglich,
Doch der Weg dahin und die innig‘ Bemühung,
Bringt uns weiter und beschert uns Zuversicht.

Ausgeglichenheit

Es ist schön, mit aller Leichtigkeit in den neuen Tag zu gehen,
Ohne einseitiger Schwere, ohne jeder Angst und Anspannung,
Und zu hoch gesteckten Erwartungsdruck oder oftmals auch:
Zu viel von übermäßig' Freude oder aufbrausender Heiterkeit.

Die Momente ganz neutral erleben mit kontrollierter Emotion,
Kann oft recht hilfreich sein bei übersättigenden Informationen,
Den Kopf kühl behalten und doch das Herz am rechten Fleck,
Lässt schwere Entscheidungen in anderem Licht erscheinen.

Mit neu gewonnener innerer Ruhe fällt einem vieles einfacher,
In sich ruhig zentriert und unnötiger Input einmal ausgeblendet,
Ist es vielmals leichter, den richtigen Weg nach vorn zu finden,
Auch zu entdecken sein eigen gestecktes und ersehntes Ziel.

Ausgeglichenheit ist niemals aufzuwiegen mit Gleichgültigkeit,
Doch zu beharrend auf die Erfüllung eines Wunsches warten,
Kann sehr oft enttäuschend sein und bringt einem ab vom Pfad,
Den man jedoch erst einmal entdecken muss und zwar: alleine.

Taktik und Strategie

Zu durchschauen die List und die Intention eines Kontrahenten,
Ist lebensnotwendig auf dem Feld des Lebens und des Todes,
Um einen Schritt voraus zu sein dem Gegner, dem vehementen,
Der stets lauert, um zu entschlüsseln die Chiffre meines Codes.

Ich habe viele Asse im Ärmel, doch ich weiß noch nicht so recht,
Ob ich sie jetzt, oder vielleicht doch erst später ausspielen soll,
Was jetzt hier geschieht, kann entscheiden über gut und schlecht,
Über den Verlauf meines Schicksals, das mir so ehrfurchtsvoll.

Ich entscheide mich zu warten, auf einen später wichtig‘ Zeitpunkt,
Und studiere still das Vorgehen meines kontrollierten Angesichts,
Lasse ihn zeigen, was er hat zu bieten und warte dass er mir funkt,
Und gibt ein Zeichen, das mehr bedeutet als ein höhnisch‘ Nichts.

Zu entscheiden, was im Hier und Jetzt zu tun und was erst später,
Ist immer sehr schwer, und man niemals wird richtig sicher wissen,
Was man tun soll, um zu verhindern, dass jemand wird zum Täter,
Der entscheidet über den Gefechtsverlauf, der oft ist recht gerissen.

Das, was wir nicht verstehen

Es gibt Dinge, die wir nicht verstehen können,
Sie passen nicht in unsere kreierte Vorstellung,
Sie sind zu unglaublich und auch übersinnlich,
Wir müssen ihre Existenz einfach hinnehmen.

Die Wissenschaft sonst meist doch so schlau,
Weiß auch keinen Rat und versucht vergebens,
Zu begründen mit manch‘ neuer vager Theorie,
Was einfach nicht in unser Weltbild passen mag.

Der Mensch meist zu eitel ist, sich einzugestehen,
Dass es etwas gibt, von dem er nicht wissen mag,
Woher es kommt und auch aus welchen Grund,
Doch es ist Fakt, dass er oftmals im Dunklen tappt.

Doch warum denn alles immer wissen müssen?
Ist die Welt denn nicht um einiges interessanter,
Mit offenen Geheimnissen und Möglichkeiten,
Von denen er noch niemals nicht geträumt hat?

Discrimen

Heute muss ich diese eine Entscheidung treffen,
Es fällt mir nicht leicht, ich muss viel überlegen,
In aller Ruhe wäge ich die vielen Alternativen ab,
Und auch deren resultierende Konsequenzen.

Ich denke mir, was könnte dieser Weg bringen,
Was der andere, wo werden sie wohl enden?
Bin mir weder sicher noch erst richtig schlüssig,
Was soll ich tun, wie werde ich wohl vorgehen?

Ich erstelle eine Liste all der Vor- und Nachteile,
Rein rational muss ich leider bald schon merken,
Dass das Bauchgefühl im Widerspruch dazu steht,
Dadurch wird es jedoch nicht weniger schwierig.

Ich entscheide, noch einmal darüber zu schlafen,
Habe noch ein wenig Zeit und werde diese nutzen,
Hoffe, dass mein Unterbewusstsein mir wird helfen,
Nicht unbedacht in die falsche Richtung zu gehen.

Vorfreude

Was erwartet mich, wie wird es wohl werden?
Die Zukunft ist nahe und der Moment so fern,
Keinen Einfluss habe ich, doch ich denke gern,
Warm geht es mir nun durch Mark und Bein.

Das Ereignis, das ich seit langer Zeit ersehnt,
Ist zum Greifen nah und ich warte mit Genuss,
Die Träumerei wird kommen nun zum Schluss,
Tempus fugit - scheint unendlich nun gedehnt.

Der Augenblick jetzt schließlich angekommen ist,
Ich denke mir, man nur einmal wird dies erleben,
Das Schicksal endgültig die Karten hat gegeben,
Alle Sinne schärfen sich - erkennen, wer du bist!

Nun ist es vorbei, ich nun kann getrost erinnern,
Was geschah und wie ich’s mir lange vorgestellt,
Ob’s schöner war oder auch doch nicht so erhellt,
Meine Vorfreude machte mich zu den Gewinnern.

Erinnerung

Das, was geschah, ist nun für immer vorüber,
Ich blicke in die Vergangenheit und sehe klar,
Was damals ist geschehen so und wie es war,
Ich hoffe, dass die Erinnerung nicht wird trüber.

Ich erkenne klare Konturen, Gerüche und Bilder,
Die ich versuche, stets auf alle Zeit zu bewahren,
Dadurch kann ich diese Zeit wieder neu erfahren,
Sie stellen für mich dar der Orientierung Schilder.

Klänge, Geräusche und vielerlei bunte Eindrücke,
Verbunden mit fürs Leben essentiellen Emotionen,
Beinhalten unsere Erinnerungen, die wir schonen,
Und gleich sind den Kirschen, die ich hungrig pflücke.

Sie sind der Wegweiser, die ständig uns begleiten,
Die uns sagen, ob wir rechts oder links sollen gehen,
Doch wir sollten nicht um Vergangenes lange flehen,
Wir suchen sollen neue Dinge, die wir stets bestreiten.

Felis felix

Diese Geschöpfe sind so einzigartig in all ihren Gesten,
Sie sind die Komiker, wie es sie im Showbiz niemals gibt,
Ob jung, ob alt, sie sind durch keinen Spaß zu ersetzen,
Bei Katzen gibt's nichts anderes, als dass man sie liebt.

Sie sind intelligent, sie durchschauen vielerlei Strategien,
Sie sind seit je her des Menschen treue Hausbegleiter,
Doch manchmal haben sie es im Sinn, weit fort zu ziehen,
Um auf die Jagd zu gehen, doch sie ziehen selten weiter.

Ihre Anmut, Eleganz und ihr geschärfter, stechend' Blick,
Erinnern an ästhetische, künstlerische Göttermonumente,
Die demonstrieren Macht und manchen unerwartet Trick,
Um zu gewinnen der Menschen Gunst, ganz vehemente.

Doch auch andere Seiten dieser Wesen sind uns bekannt,
Wenn sie nichts anderes treibt als des Hungers stete Lust,
Oder wenn des Schlafes Wärme ist in ihnen oft entbrannt,
Doch ist auch im Umgang mit ihnen manch' Frust verbannt.

Radioaktiv

Es züngelt empor der Welten Chaos,
Noch stärker wie des Todes Wucht,
Denn es wird heiß, so Nostradamus,
Der Fels stürzt tief in seine Schlucht.

Vor dem Aufprall man kann hören,
Die Stille auf einen Schlag wird enden,
Die Ruhe er will für immer zerstören,
Pluton herrscht mit grünen Händen.

Der Menschen Leben huscht vorüber,
Von einem letzten Atemzug zum andern,
Sie haben keine Chance für ein Manöver,
Werden in eine andere Sphäre wandern.

Es ist wieder still, doch nicht wie früher,
Niemand ist mehr da, der hört die Ruhe,
Es braucht ewig‘ Zeit, bis es wird kühler,
Es wär’ besser, nicht geöffnet diese Truhe.

Was du nicht weißt

Was du nicht weißt, ist, wie sehr du mir doch täglich fehlst,
Die treue Art, die ich so an dir schätze, die hier so selten,
In dieser Welt, die nur zu oft ist eisig und ohne Licht,
Uns permanent umhüllt und droht, uns nackt zu erkälten.

Was du nicht weißt, ist, dass ich dich kenne in jeder Faser,
Wie du reagierst, was Du herzlich magst und was Du hasst,
Ich kenne dich - Ich weiß, wie Du denkst und fühlst,
Du bist in mir - Kein Tag, an dem ich nicht bei dir bin.

Was du nicht weißt, ist, dass auch deine Narben schön sind,
Sie prägen dein Leben und machen dich so einzigartig,
Sie zeigen dir den Weg, der dir nur noch nicht bewusst,
Doch irgendwann wirst du gelangen an dein entferntes Ziel.

Was du nicht weißt, ist, dass ich dir so unbekannt und fern,
Und doch die Bäume sich im Walde lichten an manchem Tage,
Die Stunde kommt vielleicht, an der es wird sein soweit,
Wenn alles von Steinen ist befreit und der Traum wird wahr.

Gewitters Zorn

Strömend von des Himmels heißer Glut,
Tobend von des roten Feuers tiefen Klang‘,
Ertönt der hohen Götter reißende Wut,
Vom kalten Meere tief aufgebrachter Drang.

Doch heute gibt es hier nicht viel zu bluten,
Denn der reinen Ehrfurcht kaum bekannt,
Des Windes reißend‘ messerscharfe Ruten,
Stets die wahre Furcht von weit her bannt.

Der Sturm von nahe her dringt hingegen,
Durch Felder, Flüsse und hohes Gebirg‘,
Was Wenige wissen und Viele erwägen,
Birgt selten Wahrheit und meist doch Trug.

Oft liegt der lodernd‘ Zorn sehr tief begraben,
Die Herrschaft zieht mit dunklem Schlunde,
Durch ihre tiefen Wunden greller Gaben,
In stets tosend‘ helldurchleuchtet‘ Stunde.

Einst war des Himmels Tor weit geöffnet,
Gewaltig, dass des Auges Schmerze niederfiel,
Und wenn man durch die Öffnung hat gebetet,
Des Lichtes Schein war des Lebens Ziel.

Wer immer tobt und niemals hat geruht,
Kann kein wahres Glück jemals erfahren.
Doch wer nur kann erfüllen Satans Brut,
Der soll ruhig flechten in des Bösen Haaren.

Der Sehnsucht stiller Schrei hat gerufen,
Man des Lebens Leuchten nicht zerberstet,
Es so wahrhaft schön kann kühn beleben,
Wenn keiner Angst hat vor des Donners Heere.

Selten jedoch erlangt man jenes Wunder,
Da viele verbreiten gern des Schreckens Zorn.
Man soll bewundern diese edlen Erkunder,
Die kühn entdecken des Glückes rares Korn.

Laue Sommernacht

Der Rest der glühend Hitze von des Heute's Tag,
Zieht hindurch durch Wälder, Bäume und Felder,
Die laue Luft, die nun angenehm, die ich so mag,
Dies' Erlebnis ist nicht ersetzbar durch alle Gelder.

Man nun riechen kann der Wiesen und Äcker Ernte,
Wie Honig, der umhüllt ein frisch gebacken' Brot,
Der Herr feierte, bevor er das Paradies entfernte,
Jetzt ist er hier zurückgekehrt, es ist nicht mehr tot.

Die Grillen und Heuschrecken zirpen in einem Takt,
Auch die Frösche quaken fidel in einem ruhigen Teich,
Die Fische fragen sich, wer sich über ihnen wohl beklagt,
Doch es ist nur Einklang, der ertönt in diesem Reich.

Und die Menschen treffen sich zu gemütlicher Stund',
Spielen Musik und liefern reichlich übermütig Gesang,
Durch Musik geben Sie ihre herzlich' Stimmung kund,
Genießen den Moment – ohne jeden Sturm und Drang.

Barfuß unterwegs

Ich gehe durch die weichen Wiesen und die rauen Felder,
Ohne Schuhe, ohne Socken, ohne irgendeinen Schutz,
Ich spüre alles, jede Unebenheit - der Weg ist, wie er ist,
Fühle, was unter mir ist, bin auf festen Boden angelangt.

Ich entbehre jeder Art von Luxus, jeder Bequemlichkeit,
Bin heute allein unterwegs ohne jedes klar gesteckte Ziel,
Wandere quer durch das Leben und die unbekannte Welt,
Akzeptiere sie, wie sie ist und lasse Neues auf mich wirken.

Keine Ahnung, wohin mein gewählter Pfad mich bringt,
Ich folge meiner Intuition, habe heute keine Erinnerungen,
Bin bloß gestellt, ohne definierten, festgelegten Prinzipien,
Alles was ich habe, bin ich selbst und meine Gegenwart.

Die Zukunft schweigt - die Vergangenheit ist gestorben,
Das Hier und Heute ist mein neues Zuhause, das mir zeigt,
Eine neue Richtung, die noch allzu sehr ist verschwommen,
Und mir alle Wege ohne irgendeine Orientierung offen hält.

Das unentdeckte Land

Ich sehe ein helles Licht, wo führt es denn bloß nur hin?
Der Weg ist mir unbekannt, doch ich weiß ganz genau,
Ich werde dorthin gelangen, doch wann wird es sein?
Ich weiß es nicht, soll ich mich freuen oder traurig sein.

Vor langer Zeit hatte ich ein Gefühl, das war dem ähnlich,
Geborgen und frei von allen Gedanken um mich herum,
Es war lange bevor ich begann, auf dieser Welt zu leben,
Welche so lange mein Zuhause war, in dem ich wohnte.

Es gibt keine Neugier, die mich treibt, genau zu wissen,
Was hinter dieser klaren Linie auf mich wartet oder lauert,
Vielleicht ist es auch nichts und alles ist auf einmal vorbei,
Doch ich leugne nicht, dass ich es nicht kann ignorieren.

Die begrenzte Zeit hält mich in Atem und veranlasst mich,
Zu überlegen, was ich soll am besten tun im Hier und Jetzt,
Denn alles kann sein vorüber in jedem einzigen Augenblick,
Und ich frage mich, was ist wirklich wichtig und was nicht?

Spaziergang im Mondschein

Ich gehe einen Weg entlang über Täler und Hügel,
Abgelegen von der täglichen Welt, wie ich sie kenne,
Sie ist heute ganz anders, irgendwie fremd und neu,
Doch es ist die gleiche, nur viel stiller und sanfter.

Ich sehe um mich herum, kein Mensch weit und breit,
Einsamkeit, aber ich bin mit mir im Reinen und fühle,
Dass ein treuer Begleiter weit über mir blickt hinab,
Der mir etwas Licht spendet, um zu sehen das Nötige.

Eine zarte Brise lauer Wind weht mir um das Gesicht,
Die mir sagt, dass eine geheimnisvolle Kraft ist präsent,
Die allgegenwärtig ist, der Atem der lebenden Natur,
Die selbst für eine kurze Zeit eine heilige Ruhe wahrt.

Es ist ein Moment der Klarheit, die Zeit hält kurz inne,
Das leise Rauschen der Wälder ganz in meiner Nähe;
In Einklang schreite ich ausgeglichen entlang den Pfad,
Der mich führt nach Hause, wo auch ich werde ruhen.

Es liegt alles in den Genen

Ein Disput, der nur schwer zu lösen ist:
Soll man die Menschen heilen können,
Indem man ein Menschenleben opfert?
Was ist denn Leben, wann beginnt es?

Durch Stammzellen wird dies möglich,
Im Positiven, wie auch im Negativen,
Die Forschung kann es bewerkstelligen,
Doch zu welchem Preis - ist er hoch?

Wir wissen nicht, wann entsteht Leben,
Es gibt viele Definitionen und Lehrsätze,
Die glauben, dies festsetzen zu können,
Doch wann ist der Anfang einer Seele?

Doch sind diese Fragen gerechtfertigt,
Wenn man jahrelanges Leiden und Tod,
Durch diese Lösung verhindern kann?
Und wer darf diese Entscheidung fällen?

Feuers Brut

Des reinen Himmels hohe Waisen,
Regnen nun herab zu glühend‘ Zeiten.
Nur selten bringt der Hitze wilde Wut,
Des scheinend‘ Glanzes wahres Gut.

Der grauen Asche kleiner Funke fliegt,
Durch Windes Eil und Schicksals Krieg,
Doch trifft er einmal tief ins Herzen,
Verursacht er nur pochend Schmerzen.

Die zischende Kohle heiß zerberstet,
Wenn kühles Wasser trifft aufs erste.
So manch ein tief reiner Gedanke,
Findet im Lodern seine letzte Schranke.

Des Bösen grell durchleuchtet Antlitz,
Sieht oftmals manchen stummen Blitz,
Und macht aus sprödem Heu und Stroh,
Nur wenige treue Menschen je froh.

In den Wirren und den vielen Schlieren,
Man kann nur all zu viel verlieren,
Wenn die Kraft des Feuers ist entfacht,
Man stets vermisst all seine Macht.

Der Hitze Kernes klares Schimmern,
Bringt jedoch nur karges Wimmern.
Doch der knisternd‘ Wärme Rauch,
Erfüllt des Glaubens hohen Brauch.

Des Lebens Ende wird strikt besiegelt,
Durch das Verbrennen ohne Riegel.
Den Trost findet man oft im Glauben,
Wenn man sich ihm nicht lässt berauben.

Das ewige Leben aber erhält nur der,
Der des Feuers stetes Leid bekehrt.
Und des tiefen Zornes brennende Glut,
Kühn erlischt mit Gottes holdem Mut.

Durchblutung

Sie lässt dich deutlich spüren, dass du am Leben bist,
Das Pulsieren des rauschend' Blutes in deinen Adern,
Lässt dich wissen, dass du bringst höchste Leistung;
Der Körper arbeitet wie eine gut geschmierte Maschine.

Die sportliche Aktivität weckt völlig neues Leben in dir,
Sie lässt all die Poren öffnen und reinigt deinen Körper,
Von innen heraus und lässt alles los, was nicht wichtig,
Das Adrenalin sorgt für einen pochend', rhythmisch' Puls.

Plötzlich ist vieles nicht mehr wichtig, du lebst im Jetzt,
Die Sekunden verstreichen in einem neuen, eigenen Takt,
Es ist wie Urlaub vom täglichen Leben - ein anderes Sein,
Du fühlst dich fit und bist davon überzeugt, alles ist möglich.

Am Ende der körperlichen Betätigung fühlst du immer noch,
Die kinetische Energie in dir, wie alles fließt und diffundiert,
Jede Zelle ist mit Sauerstoff versorgt und wie regeneriert,
Du fühlst dich gar entspannt und bist in frischer Harmonie.

Auf dem Konzert

Ich bin auf einem Konzert von meinem Star,
Den ich aus dem Fernsehen und Radio kenne,
Er ist mir vertraut, als gehöre er zur Familie,
Doch heute sehe und höre ihn ganz hautnah.

Es ist transzendent, als ob es nicht sei wahr,
Der Moment ist gekommen, ich lebe im Jetzt,
Ein Zusammenspiel aus Audio und Visuellem,
Untermalt im Takt mit rhythmischem Leuchtspiel.

Ich verschmelze mit einer begeisterten Masse,
Die rings um mich zelebriert dieselbe Person,
Die diesen wichtig' Abend ist in aller Mittelpunkt,
Und die gesamte Aufmerksamkeit auf sich lenkt.

Jede Bewegung ist abgestimmt, es ist ein Fest,
Doch das Herum ist auch nicht zu verachten,
Alle Reize werden ganz an ihre Grenzen geführt,
Das stete Ausharren will sich nun gelohnt haben.

Mainstream

Ach, wie muss es denn einem schön vorkommen,
Zu sein im Durchschnitt, ohne jemals anzuecken,
Es lebt sich leicht im Mittelmaß, ohne jede Kante,
Die einen andern stören könnte - man ist die Norm.

Sich treiben zu lassen, ohne jemals nachzudenken,
Ohne kreative Ideen, die von einem selbst kommen,
Stets nur zu kopieren der anderen Vorstellungen,
Die als Standard gelten und in die Ordnung passen.

Sich zu fügen, und nie eine eigene Meinung zu haben,
Ist oftmals der einfachere Weg, der weit verbreitet ist,
Auf das zu hören, was die Allgemeinheit findet „gut“,
Kann stupide sein und führt zur geistigen Assimilation.

Wenn immer alle Menschen wären taub für neue Dinge,
Es gäbe keinen Fortschritt, man würde glauben noch,
Wir leben im Mittelpunkt der Galaxie auf einer Scheibe,
Die nur ganz besteht aus Erde, Feuer, Luft und Wasser.

Das Tor zur neuen Zeit

Es wird ein neues Zeitalter anbrechen,
Das bringen wird gewagte Entdeckungen,
In verschiedenen Bereichen der Kultur,
Neue Techniken und neue Lebensweisen.

Wir stehen kurz bevor, sie zu entdecken,
Die Weltformel, die alles in sich vereint,
Die keinerlei Fragen lässt nun mehr offen,
Sie ist so nah, doch ist sie trotzdem fern.

Aber sollte dieser Tag einmal kommen,
So wird nichts mehr sein wie es vorher war,
Alles muss neu berechnet und betrachtet,
Von einem neuen Winkel gesehen werden.

Doch ist es denn wirklich ganz von Vorteil,
Alles zu wissen und zu dirigieren wie Gott?
Fortschritt: ja, unbegrenzte Allmacht: nein?
Der Weg bisher war doch nicht verkehrt?

Die Aura von Kleidung

Der erste Eindruck ist oftmals sehr entscheidend,
Es ist ein unterbewusstes und wichtiges Kriterium,
Wie wir Menschen einschätzen und sehen mögen,
Kleidung kann so einiges über unser Leben sagen.

Sie schmückt unseren Geist und unsere Stimmung,
Sie spiegelt unser Inneres materiell nach außen,
Wir können variieren, unseren Körper jedoch nicht,
Es ist wie eine Kunstform, uns selbst zu dekorieren.

Sie kann oft verlockend sein, kann auf uns wirken,
Wie ein Aphrodisiakum, das mit uns lieblich spielt,
Das uns einlädt, sich mit dieser Person zu befassen,
Die wir sonst wohl kaum hätten wahrgenommen.

Kleidung ist nicht nur eine kurze Modeerscheinung,
Sondern das Kreieren ist ein schöpferischer Prozess,
Das elegante und schöne Geschöpfe aus uns macht,
Was über unsere Herkunft und Intension informiert.

„Hochmut kommt vor dem Fall“

Es ist nur zu bekannt, dass manche Leute oftmals denken,
Sie seien schier unantastbar, niemals je zu verwunden,
Selbstbewusst glauben sie, an sie kommt niemand heran,
Sie seien ein Wunder dieser Welt, ohne jede Schwächen.

Doch dies zeugt von großer Naivität oder gar von Dummheit,
Die meist in ihrer charakterlichen Bildung ist tief verankert,
Denn es sind immer diejenigen Menschen, die in ihrem Leben,
Am wenigsten haben vollbracht; ihr Stolz ist aber grenzenlos.

Sie degradieren andere, die wirklich in sich Stärken tragen,
Die sie in sich niemals wecken konnten, und diese missen,
Sie lenken ab, wollen ihr kleines Selbstbewusstsein stärken,
Auf Kosten von den Menschen, die stets reinen Herzens leben.

Dabei ist doch von Anfang klar, dass alle Menschen gleich sind,
Niemand ist besser oder gar schlechter, doch eines Tages,
Wird‘s vielleicht soweit sein, dass jene Menschen dies erkennen,
Es wird die Stunde Null sein, in der sie werden sehr tief fallen.

Blickkontakt

Er kann elektrisierend sein, kann überraschen,
Einen Menschen, den man noch nie gesehen,
Man plötzlich nun kurz kann für sich erhaschen,
Das Innere man kann spüren auf sich wehen.

Das Tor zur Seele und zu ihrem wahren Sein,
Ist verborgen hinter diesem funkelnden Licht,
Das uns enthüllt nur einen kleinen Teil hinein,
In unsere Welt, die niemals zeigt ein Gesicht.

Wärme, Kälte, Geborgenheit oder pure Wut,
All das wird gespiegelt in den kleinen Fenstern,
Die erlauben einen Blick durch diese starke Flut,
Die wir oftmals bestreiten müssen im Finstern.

So nahe man einem Menschen niemals steht,
Wie wenn man mutig tief in seine Augen sieht,
Es lohnt sich, dass man stets diesen Pfad begeht,
Und man auf sein Herz hört und nicht davor flieht.

Die Macht der Rhetorik

Sie wird manchmal gar nicht so wahr genommen,
Sie dringt oft subtil in unser Unterbewusstsein ein,
Wir hören den Klang der klaren Worte und glauben,
Auch der Inhalt sei so harmonisch wie die Melodie.

Eine eloquente Weise, eindringlich zu sprechen,
Kann bei prekären Disputen oft viel mehr schaden,
Als der Einsatz von lebensbedrohenden Waffen;
Kann ein ganzes Volk bewegen, zu tun das Falsche.

Natürlich kann sie aber auch klar im Positiven wirken,
Was sonst gern untergeht im beiläufigen Gespräch,
Kann durch eine intonierte Darstellung imponieren,
Und man kann überzeugen von der eigen' Vorstellung.

Doch als Zuhörer muss man sich stets im Klaren sein,
Dass es nur Worte sind - die Bedeutung ist oft anders,
Die eigene Meinung ist hier immer immens von Nöten,
Und man das Gesagte selbst kritisch hinterfragen sollte.

Die verlorene Seele

Ich bin tot, und fühle lange nichts,
Bin verloren in den dunklen Weiten,
Kann nicht atmen, hab' kein Fleisch,
Aber sehen kann ich vieles um mich.

Ich wandle herum und nehme wahr,
Eine warme Brise, die für mein Herz,
Ganz eigenartig weht, wie nie so klar,
Betäubt der lange dauernd' Schmerz.

Ein Mädchen, nah und doch so fern,
Ich kann sie sehen, sie geht herum,
Am Strand mit unbefleckten Sinnen,
Lebt den Tag und fühlt das Leben!

Ich kann dein reines Gesicht sehen,
Doch du kannst mich nicht erkennen,
Ich bin tot und du bist gern am Leben,
Du bist schön, kann's dir nicht sagen.

Auch du bist einsam, ich sehe es klar,
Dein langes Haar weht vor dem Meer,
Doch keiner kann es sanft berühren.
Keiner, der dich jemals helfend tröstet.

Augen, so glänzend und durchdringend,
Niemand nimmt dich wahr und spricht,
Du bist allein so traurig wie ich es gewohnt,
Zusammen wären wir erfüllt zufrieden.

Wär' ich am Leben, ich würd' dich fragen,
Ich würd's tun, das versprech' ich sicher,
Ich würd' fühlen wie nie zuvor im Leben,
Ich wär' dankbar auf ewig dauernd' Zeiten.

Ich kann dein reines Gesicht sehen,
Doch du kannst mich nicht erkennen,
Ich bin tot und du bist gern am Leben,
Du bist schön, kann's dir nicht sagen.

Unter meinem Regenschirm

Es regnet wie aus tausend schweren Eimern,
Der Himmel ist düster wie ein dunkles Loch,
Es ist vorbei, die goldenen Zeiten zu feiern,
Von jetzt an ist die Zeit, als er zu Kreuze kroch.

Dieser Weg wird steil, dies ist keine Frage,
Zu viel schweres Wasser zieht zu uns heran,
Der Damm gebrochen ist, doch keine Klage,
Denn in letzter Stunde gibt's Schutz voran.

Ich spanne auf meinen großen Regenschirm,
Hier ist Platz nicht nur für meine kleine Seite,
Komm' in meinen trocknen' Kegel, der ist firm,
Hier bist du sicher, ich Wärme dir bereite.

Was auch kommt, was auch geschehen wird,
Zusammen wird es stets leichter für uns sein,
Das, was zum Zerreißen des Schirmes führt,
Liegt nicht in unserer Macht – Wir bleiben rein.

Die Kraft des Mutes

Ich ergreife die Initiative und pack‘ es endlich an,
Ich hab‘s mir vorgenommen und zieh‘ es durch,
Trotz aller Angst und der vielen Unsicherheiten,
Geh‘ ich nach vorn und wage den ersten Schritt.

Die Konsequenzen sind mir heute gänzlich egal,
Verlust und Gewinn sind voll mit einkalkuliert.
Ich bin mir nicht bewusst, was es wird bringen,
Denn ich springe tief ins kalte Wasser hinein.

Ich spüre das Adrenalin in mir, wie es frei wird,
Es gibt mir Energie und hüllt mich in einen Schild,
Bin unverwundbar, lasse mich treiben nach vorn‘,
Und lasse all die Dinge geschehen, wie sie sind.

Sicheres Auftreten bei Unkenntnis der Sachlage,
Ist jetzt von Nöten und ich merke, dass es gelingt,
Ich bin gestärkt durch den ersten kleinen Erfolg,
Und hoffe, dass sich das Blatt nicht wenden wird.

Regeneration / Neugeburt

Ich bin heute an einen prekären Punkt angelangt,
An dem ich tief in mir drinnen wahrgenommen habe,
Dass es so zukünftig keinesfalls kann weitergehen,
Es muss sich nun etwas verändern, und zwar: Ich.

Besinne mich ab heute auf ein stabiles Fundament,
Sammle mich neu, lass' alles Banale um mich fallen,
Entziehe mich den täglichen, aufreibenden Mustern,
Suche in mir nach einer irgendwo verschütteten Kraft.

Den Keim, so glaube ich fest, habe ich nun gefunden,
Jetzt gilt es, diesen stets zu stärken und zu schützen,
Bis er damit anfängt, erste kleine Wurzeln zu schlagen,
Die sich essentielle Nährstoffe noch suchen müssen.

Ich wage nicht, recht weit in die Zukunft zu blicken,
Trotzdem habe ich mir ein erstes grobes Ziel gesetzt,
Das noch fern vor mir liegt, doch ich arbeite daran;
Und der erfrischte Wille ist stark wie niemals zuvor.

Es beginnt das neue Leben, Strukturen anzunehmen,
Die mich dabei unterstützen, diesen Weg zu gehen,
Den ich anfangs erst unsicher habe eingeschlagen,
Der mir von Zeit zu Zeit jedoch immer vertrauter wird.

Es wird langsam Sommer, der kalte Winter ist vorbei,
Vieles hat sich geändert, manches habe ich verloren,
Doch vieles habe ich gewonnen und ich freue mich,
Auf den Herbst, in dem ich die gesäten Früchte ernte.

Charisma

Es ist oftmals rar, nicht jeder kann es sein Eigen nennen,
Man hat es oder aber man hat es nicht, es ist einzigartig,
Doch wenn man eine Person persönlich hat getroffen,
Die es hat, so ist man fasziniert, ja beinahe verzaubert.

Es ist nicht nur eine Eigenheit, die einen angeboren ist,
Nein, vielmehr das Leben, das die Person hat geführt,
Das die überzeugend starke Ausstrahlung hervorbrachte,
Die einen mitreißen und emotional tief berühren kann.

Nicht nur die äußere Mimik durch einen stechenden Blick,
Sondern auch die Art, den Klang der Worte zu intonieren,
Und zum rechten Zeitpunkt den richtigen Inhalt zu finden,
Gibt neben dem selbstbewussten Auftreten den Ausschlag.

Innere Stärke und Emotion angemessen zu demonstrieren,
Gehört ebenso dazu, wie die Fähigkeit, zu argumentieren,
Rational und schlagfertig, andere eloquent zu überzeugen,
Aber mit dem Herzen und der Seele stets am rechten Fleck.

Fett

Es sammelt sich in dir in rauen Mengen,
Will wohlig bei dir bleiben bis in Ewigkeit,
Will, dass du noch mehr magst verschlingen,
Kümmert sich nicht um deine Gesundheit.

Wenn du schlapp und immer zu nur träge,
Dann fühlt es sich gut und sorgt dafür,
Dass es erreicht sein Ziel - auf dem Wege,
Schickt es dir viel Not durch manche Tür.

Der Blutdruck steigt, der Blutfluss sinkt,
Denn die Adern in dir sind voll mit Fett,
Die Leber streikt, der Herzschlag hinkt,
Somit willst du nur noch gern ins Bett.

Das gelbe Element, das sich kumuliert,
All überall an deinem aufgedunsen‘ Körper,
Sorgt für Schwere, die mancher registriert -
Macht dich zu deinem eigenen Mörder.

Die Apokalypse droht

Die spitzen Zähne des wütend' Drachens warten scharf,
Sie schneiden heute tief ins rohe, rote Fleisch hinein,
Man jederzeit in diesen letzten Sekunden hoffen darf,
Dass jetzt nicht gar beendet ist des Lebens holdes Sein.

Die goldenen Reiter des hohen Himmels stürzen schnell,
Mit gezogenem Schwert und ohne schützend' Rüstung,
Sie stürmen vor und überqueren den Weg, der so hell,
Durchleuchtet unser aller Dasein in seiner Umgebung.

Die Herrschaft des Bösen zieht heran mit seiner Macht,
Von nun an wird es dunkel sein in dieser kalten Nacht,
Die Hoffnung verstirbt alleine in einem tiefen Schacht,
Den ein erster Dämon von seiner Welt hat mitgebracht.

Der Schrein Gottes mit seiner tiefen Güte ist zersplittert,
Himmels Boten und Engel geben einen letzten Schrei,
Die Menschen in den Resten dieser Welt sind verbittert,
Sie denken nicht an Gott und keiner betet kühn: Befrei!

Das brennend' heiße Feuer züngelt nun gefährlich nahe,
Doch jeder ignoriert schweigsam die blutenden Narben,
Man bewusst zu blind ist für die drohende Katastrophe,
Keine Zeit verbleibt für notwendig', hilfereichend' Gaben.

Die neue Schattenseite schleicht herein in ihrem Schleier,
Einige Wolken des Gewitters verhüllen jedes letzte Licht,
Viele der Hüter von tief unten fahren auf zur letzten Feier,
Denn von nun an wir gewöhnen uns an ihr fahles Gesicht.

All die übrigen Männer und Frauen dieser zu tristen Welt,
Verkünden ruhig den Untergang mit willenlosen Willen,
Sie leben heute ihren späten Tag, wie er ihnen gefällt,
Sie wollen lediglich noch ihren Durst und Hunger stillen.

Jeder Tag ist stets der Beginn des Restes deines Lebens,
Doch was, wenn dieser Tag der letzte Tag für alle Zeit?
Die Antwort muss da sein vor des Donners lauten Bebens,
Sonst stets all die düsteren Gestalten sind für dich bereit.

Die Erfüllung eines Lebenstraums

Heute habe ich es endlich gewagt, habe mich es getraut,
Bin jetzt über meinen langen Schatten stark gesprungen,
Habe meinen ganzen Mut und meine Energie gesammelt,
Um mir zu erfüllen einen lange ersehnten Lebenstraum.

Diese anfängliche Angst, dass es nicht wird wie erhofft,
Weicht schnell dem Gefühl der entstehenden Vorfreude,
Und ehe man sich umsehen kann, ist es schon soweit,
Der Moment ist da, in aller Wucht - beinahe ein Schock.

Man lebt im Augenblick, herum ist nichts von Bedeutung,
Die Zeit ist ausgeblendet, nur das Hier und Jetzt ist wichtig,
Eine tiefe Sicherheit macht sich in mir wohlig warm breit,
Die mir bestätigt, dass ich heute das einzig richtige getan.

Wir leben jetzt und nicht morgen, was vielen nicht bewusst,
Sie schieben Dinge weit in die Zukunft und denken sicher,
Dass sie haben noch genügend an Zeit für dies und jenes,
Doch stimmt nicht, wir sollen das tun, was uns jetzt gefällt.

Der Zauber der Berührung

Eine Berührung kann verbinden,
Auf eine Weise, wie es niemals
Tausende von Worten tun können,
Es ist immer etwas Einzigartiges.

Sie kommt oft sehr überraschend,
Man weiß nicht, wie einem geschieht,
Das Gegenüber ist nun viel realer,
Und man empfindet alles anders.

Es ist wie ein stromgeladener Blitz,
Der einen plötzlich sanft durchfährt,
Und einen ganz subtil wissen lässt,
Man im Hier und Jetzt nicht alleine ist.

Aus dem alten Gedankenrhythmus,
Ist man nun gerissen und weiß genau,
Da ist Jemand, der einen gerne hat,
Und man fängt wieder an zu fühlen.

Gebet

Es geht mir nicht gut und ich bete hier zu dir,
Hoffe, dass du mir kannst weiterhelfen,
Vieles läuft nicht so, wie es geplant war.
Bin schon so oft gefallen,
Und bin mit aller Kraft wieder aufgestanden.

Jeder Sturz schmerzt mehr als der letzte,
Hoffe, dass es werden kommen andere Zeiten,
Ohne Angst und ohne Schwierigkeiten,
Eine Zeit, die ist harmonisch und ohne Schmerz,
Und die Wunden endlich werden heilen.

Gib mir neue Kraft und frischen Elan,
Der mich treiben lässt in eine neue Zukunft,
Die wieder ist wie die verloren' Vergangenheit,
In der man zufrieden und glücklich war,
In der man sich freute auf jeden neuen Tag.

Die Leichtigkeit der Erschöpfung

Es war ein langer Tag, vieles habe ich heute erledigt,
Vieles gab es an Input, der Output war groß genug,
Vieles habe ich jetzt gesehen und vieles auch erlebt,
Doch nun ist es an der Zeit, kurze Zeit nichts zu tun.

Ich freue mich auf mein Bett, spüre wohlige Schwere,
Die in mir ruht und nur wartet, frei entlassen zu werden,
Damit sie sich entfalten kann und mich entführen kann,
In eine Gemütsstimmung, in der alles um mich schläft.

Das was noch stört, fällt von mir ab wie verfaulte Schale,
Unnötige Gedanken werden jetzt strikt ausgeblendet,
Es geht von selbst, es fällt mir leicht, leichter als sonst,
In dieser ruhigen, harmonischen, einsamen Stimmung.

Den angenehmen Gedanken lasse ich jetzt freien Gang,
Sie kommen und gehen, keiner wird zu lange festgehalten,
Erinnerungen unterhalten mich, sie zeigen mir mein Leben,
Wie es war und wie es in Zukunft vielleicht könnte sein...

Im Netz von Ursache und Wirkung

Nur ein kleiner Fehler - und alles ist dahin,
Was anfangs nur zu harmlos wirken mochte,
Kann eine verheerende Folge verursachen,
Was keiner hat je geglaubt, ist nun wahr.

Zur falschen Zeit am falschen Ort zu sein,
Kann eine tiefe Veränderung beschwören,
Die nicht nur einen selbst betreffen wird,
Sondern Viele in diesen Sog ziehen mag.

Das eine hat stets das andere zur Folge,
Wäre dies nicht passiert und geschehen,
Sähe die Realität nun völlig anders aus,
Doch man kann nichts rückgängig machen.

Man malt sich gerne eine Parallelwelt aus,
Und fragt sich, ob man dort glücklicher wäre?
Doch Fakt ist, dass nur diese Realität zählt,
Und man diesen Weg nun akzeptieren muss.

Spiegels Schein

Das Bild des Spiegels schreitet heran,
Und zieht manchen frisch in seinen Bann.
Des Glanzes reiner Schein nur selten trübt,
Wenn man sich tief in diese neue Welt begibt.

Es herrschen dort ganz andere Bedingungen,
Da man oft nur verspürt reine Schwingungen,
Die pure Wahrheit oder lediglich triviale Illusion –
Meist ist es jedoch eine höchst abstruse Diffusion.

Wunder erlebt man in diesem Lande jedoch nicht,
Wenn man hat für solche Dinge keine Sicht.
Das Ebenbild in einer anderen Dimension,
Birgt in ihren Winkeln klare Abstraktion.

In diesem Land ist das Gut und Bös‘,
Nicht zu unterscheiden für Erlös.
Man selber nur bestimmen muss,
Ob tiefes Leid oder Genuss.

Spiegel
Bild
Spiegel
Bild
Spiegel
Bild
Spiegel
Bild
Spiegel
Bild
Spiegel
Bild
Spiegel
Bild
Spiegel
Bild
Spiegel
Bild

Lebenswunder

Oftmals ist man von ganzem Herzen tief überrascht,
Dass etwas geschieht, womit man nicht gerechnet hat,
Was einem neuem Schwung gibt, eine frische Kraft,
Man hat nicht daran geglaubt, doch nun ist es wahr.

Es gibt einem stärkende Hoffnung - und das unerwartet,
Was einen spüren lässt, dass es sie wohl geben muss,
Eine höhere Macht, die es doch gut mit einem meint,
Dass man nicht allein ist, und man nicht bangen muss.

Sei es bloß Schicksal oder ist es sich tatsächlich Gott,
Der einem hilft, wenn man alles hat vollends begraben,
Lässt sich nicht manifestieren, es liegt an einem selbst,
Mutig zu entscheiden, woran er mag denn lieber glauben.

Es ist egal, für welchen Weg man sich will entscheiden,
Es ist ein mächtiges Gefühl von Glück und Geborgenheit,
Das man in solch‘ seltenen Momenten in sich tief erfährt,
Das man soll lange behutsam wahren und mit sich tragen.

Die Dekadenz auf der Titanic

Die unsinkbare Titanic – alles neu und frisch poliert,
Mit diesem Schiff ist alles möglich, auf zur neuen Welt!
Die Leute schmuck gekleidet, heiß gebadet und rasiert,
Gesichter bleich geschminkt, so dass es auf ewig hält.

Geld spielt keine Rolle, dennoch ist es die Eintrittskarte,
In dieses Leben, das sich nur die leisten, die es können,
Tanz und noble Gespräche, die Titanic ist voll in Fahrte,
Glanz darf nicht fehlen, in dem man sich kann sonnen.

Wer braucht Rettungsboote, ist doch alles gut gesichert,
Die beste Technik ist vorhanden, man wird's schon wissen,
Mir geht es gut, was kümmert's mich, wenn's gewittert?
Hier ist alles bestens, ich bin doch reich und bin gerissen.

Die unsinkbare Titanic – möge kommen was auch will,
Die Menschen feiern und begrüßen jede Unterhaltung,
Koste es, was es wolle, wir sind dabei, und denken still,
Wir sind besser als der Rest, uns gebührt die Hochachtung.

Urlaubstag

Endlich ist der ersehnte Tag nun doch gekommen,
Ich kann sein, wer ich immer wirklich bin tief in mir,
Ich kann ruhen auf dem Berg, den ich erklommen,
Und schweifen in Gedanken, wie sie sind im Hier.

Keine Sorge, was zu tun als nächstes in aller Hektik,
Kein Druck, dies und jenes sei zu erledigen schnell,
Keine Höflichkeit, um zu bewahren manche Taktik,
Um zu erreichen, damit alles immer schön und hell.

Die Uhr steht still, sie spielt heute keine wichtig‘ Rolle,
Es ist mir egal, was morgen wird wohl alles geschehen,
Ich bin Mensch und greife am heutigen Tag ins Volle,
Ich denke nicht daran, die Stunden werden verwehen.

Ich sehe die Welt für kurze Zeit mit anderen Augen,
Es ist schön, über das Tal von oben ruhig zu blicken,
Doch ich weiß, der Fall wird kommen, er wird laugen,
An meinen Kräften, die ich heute wollte gerne flicken.

Die See

Sie kommt und geht, wann sie nur immer will,
Wird oft angespült und wieder fortgetrieben.
Ob die Flut ganz wild oder die Ebbe ganz still,
Am Sternenzelt der Mond ihr treu geblieben.

Seit je her ist sie schon da und stets bewacht,
Ihre eigene Welt von unbekanntem Leben.
Ganz hell der Tag oder tief schwarz die Nacht,
In ihrem Herzen sie verbirgt manches Beben.

Sie dient dem Menschen meist gehorsam,
Doch bringt sie nur zu oft so graue Einsamkeit,
Dass er nur lieber geblieben wär ganz zahm,
Und nicht erforscht hätt‘ der Länder Freiheit.

Die Sterne weisen uns die rechte Richtung,
Nichts klarer führt durch diesen brausend‘ Weg.
Sie immer zeigen eine wegeweisend‘ Lichtung,
Die uns forttreibt über diesen hölzern‘ Steg.

Klarheit

Die Gedanken so klar wie kühles Wasser,
Nur man finden kann in stiller Besinnung,
Wenn man stets rein ist in all seiner Faser,
Und bedenkt sein Leben ohne Gewinnung.

Fetter Überschuss und die süße Versuchung,
Führen im Übermaß in den dunklen Schlund,
Geistiger Reichtum ist die wahre Betuchung,
Durch materiellen Besitz der Geist wird wund.

Alkohol, Nikotin und andere trübe Betäubung,
Zerstören den wahren Gedankengang im Kopf,
Den Weg man erkennt durch innere Säuberung,
Die hellen Sinne werden‘s danken ohne Kropf.

Den Verstand man strikt in Grenzen halten muss,
Denn ein bisschen Leiden ist gut für die Seele,
Lieber ein hartes Bett als den weichen Verdruss,
Dass man gehorcht des Körpers rohen Befehle.

Im Sturm

Man kann ihn hören, auch mit vielen Sinnen spüren,
Er zieht heran mit all seiner unheilbringenden Kraft,
Jetzt sollte man sich schnell von seinem Flecke rühren,
Man schafft es sonst nicht mehr aus seiner Zerstörung.

Was man alles je hat errichtet und mühsam erbaut,
Kann von einem Moment zum anderen recht schnell,
In tausend kleinste Teile werden eiskalt zerhaut;
Der Himmel kündet dies von oben schwefelgrell.

Eine seltsame Atmosphäre umhüllt die Gegend dunkel,
Die Zeit steht still und man kann nur betend hoffen,
Dass man nicht das bloße Antlitz Gottes sieht funkeln,
Dessen Anblick einen berührt, wie vom Blitz getroffen.

Das Tosen wird nun - so glaubt man - etwas leiser,
Doch der Schein mag trüben, der letzte Hauch zieht,
Gewaltig an einem vorüber, wenn auch etwas heiser,
Und man die Verdammnis hilflos in der Ferne sieht.

Erdkern

Der Hitze klarer erdgebundenen Falten
Steigt stets empor ohne je zu erkalten.
Des Feuers rote Glut niemals erlischt,
Wenn sie durch das reine Wasser zischt.

Tiefverborgene, geheimnisvolle Unterwelt,
Zeige uns dein verhülltes, dunkles Zelt,
Wenn wir jemals sollten treffen kühn zu dir,
Lass‘ uns jedoch bitte nicht bangen hier.

Der unergründete Hüter von dort unten,
Ist viel weniger unserer Erde verbunden.
Er auf uns wartet unter der Feuerkruste,
Und dies ein Leben lang voll von Luste.

Wer nicht will verschmoren seine Seele,
Der nicht gehorchen soll seinem Befehle.
Denn wer sein Leben reinen Herzens lebt,
Ganz getrost all seine vielen Fehler behebt.

Sternenzelt

Hoch oben in der dunklen, weiten Ferne,
Versteckt in unentdeckten Ländern,
Blicken auf uns herab die holden Sterne,
Die unser aller Leben sehr verändern.

Denn ohne sie wär' die Nacht nicht hell,
Der Mond hätt' keinen wahren Gesell',
Doch sie leuchten zu uns nicht zu grell,
So dass uns nicht stört der Hunde Gebell.

Sie blicken auf uns herab zur kleinen Welt,
Sie uns begleiten stets ein Leben lang,
Das Zelt wir hoffen, niemals nicht zerfällt,
Sonst nicht einmal verbleibt ein Klang.

Der Blick uns immer nichts kosten wird,
Man nur den Kopf gen Himmel richten muss,
Und die Augen - unserer Phantasie Hirt -
Öffnen soll und beobachten ohne Verdruss.

Gespensternacht

Durch den dunklen Flur und in das Treppenhaus,
Glaube ich, ich hab' was Dumpfes pfeifen gehört,
War es ein Gespenst oder doch nur eine Maus?
Egal, es interessiert mich, sonst bleib ich verstört.

Ich öffne die alte Tür und linse doch nun vorsichtig,
Es ist nichts da, ich gehe einen Schritt nach vorn,
Da ist es nun wieder, das Murren, das nicht nichtig,
Wieder kurz erschallt und erinnert an so tiefen Zorn.

Nun wird mir bange, aber ich will es endlich sehen,
Schreite weiter zu den Stufen und gehe wacklig empor,
Ich spüre einen Windstoß durch das Gebäude wehen,
Und erkenne einen weißen Laken, den jemand verlor.

Ein grüner Blitz von draußen und ein lautes Donnern,
Lassen mich für einen Moment unruhig inne halten,
Doch ich fasse meinen Mut und wage mich besonnen,
Nach oben und sehe etwas, das mich lässt erkalten...

Freiheit

Sie hilft dir, dich stets klar zu orientieren,
In einer Welt, die besteht aus vielen Regeln,
In der man dich sieht auf all deinen Vieren,
In der man nur zu gern mit dir geht kegeln.

Doch man stets muss sich sein bewusst,
Dass man allein ist sein einzig wahrer Herr,
Der befiehlt und gern ist ohne jeden Frust,
Der autark atmend segelt durch das Meer.

Ohne Einfluss soll man sein auf dieser Welt,
Man seinen eigenen Befehl muss erhören,
Und nicht dem, der anderen meist gefällt,
Der einen zerteilt, was einen kann zerstören.

Ohne Zügel und ohne schnalzend‘ Peitsche,
Lebt es sich viel leichter als mit striktem Ton,
Der kommt von jemand, mit dem man feilsche,
Über sein täglich Schicksal, ohne jeden Lohn.

Die Windmühle

Ihre großen Flügel drehen sich ein Leben lang,
Sie sich permanent erinnert an ihren Gesang,
Aufwärts, abwärts, immer schlicht derselbe Gang,
Sie spürt ihn, diesen täglich‘ monotonen Drang.

Es nie ein Entrinnen gibt, der Weg steht fest,
So steht es geschrieben, in diesem Manifest,
Den Auftrag sie zu erfüllen hat in jeder Stund‘,
Kein Unterschied, ob sie wund ist oder gesund.

Der, der ihr gönnt, ob harte Arbeit oder Muße,
Nur allein der Wind ist, der selbst tut seine Buße,
In einer Welt, die ständig gerne von einem will,
Dass man fromm erledigt seine täglich Arbeit still.

Doch man bedenken soll in einer ruhigen Zeit,
Dass in diesem Kreislauf ohne jeder Eitelkeit,
Auch irgendwann mal ein abruptes Ende wartet,
Und man genossen hat die schönen Momente.

Krieges Ruhm

Der treuen Helden Leben wird vergossen,
Es zeugt dieser Zeiten schweren Mutes,
Wenn Krieger zeigen sich verdrossen,
Und bekämpfen das Feuer ihres Blutes.

Sie immer leben für des Sieges klares Ziel,
Denn die warme Ehre stets hoch gelobt,
Vom Felde her oder von des Schiffes Kiel,
Das wilde Herz des Menschen dafür tobt.

Ohne jeden Krieg und ohne feste Linien,
Die Menschheit hätte zwar nie gefroren,
Aber Troja, Sparta, oder Argentinien,
Viele dieser Länder wären nie geboren.

Jedoch die großen Kriege waren Gräuel,
Der Tod seine Sense stets hat gewetzt,
Denn der Lohn für des Himmels Bläue,
Ist der Untergang, der übers Lande hetzt.

Krankheit

Man fühlt sich nicht wohl, nicht angenehm in seiner Haut,
Als ob man nicht richtig man selbst wäre,
Alles erscheint erschwerend, jeder Atemzug ist lästig,
Dinge, die einen sonst ganz leicht von der Hand gehen,
Erfordern heute enorme Anstrengung.

Man sieht die Welt verzerrt, von der negativen Seite aus betrachtet,
Man verliert den Glauben, den man sonst so positiv hat gewahrt,
Hilflosigkeit macht sich in einem breit,
Man fühlt, man kann nicht agieren, wie üblich gewohnt,
Und manch’ unterdrückter Schmerz drängt sich wieder in den Vordergrund.

Trotz aller Formlosigkeit und ohne gewohnten helfend‘ Rahmen,
Versucht man trotzdem, zu wahren die eigen’ Würde,
Zu finden ein neues Schema, das einem vorübergehend dient,
Als ein neues Gerüst, das einen stärkt in der Hoffnung,
Dass die Heilung eintritt und am besten: möglichst bald.

Problemchen des Alltags

Wie schaffe ich bloß all die viele Arbeit, bin ich rank und schlank?
Habe ich die Haustür verschlossen und den Herd ausgemacht?
Sitzt meine Frisur und habe ich nicht dasselbe an wie Freitag?
Sind die Blumen gegossen und was schenke ich zu Weihnacht?

Viele Fragen, viele Entscheidungen, die es täglich zu treffen gilt,
Doch warum das alles, ist mir manchmal nur allzu schleierhaft,
Denn ich habe vergessen, was ist wichtig und was mir dabei hilft,
Zu sein am Leben und warum ich bin in dieser zwängend Kluft.

Die schönen Momente, für die bin ich nur zu müde, um sie zu sehen,
Sie sind da, um mich herum, doch ich bin langsam blind geworden,
Sehe nur noch zu trübe und erkenne die wagen, grauen Konturen,
Die früher einst einmal waren mein buntes, lustig frisches Leben.

Ich beschließe unverschämt, ungerade mal gerade sein zu lassen,
Ich lass alles fallen, die Unordnung ist mir egal, ohne Sicherheitsgurt,
Geht es heute nur vorwärts, mir ist's egal und kann es kaum fassen,
Die Welt bricht nicht zusammen, vielleicht ist dies meine Neugeburt?

Elena

Sie ist geheimnisvoll, sie ist wunderschön,
Ihre Haare sind glänzend schwarz und stets gestylt,
Ihre Augen gleich traurig sowie lustig,
Sie öffnen einem ein Tor in eine warme Welt.

So grazil, wie sie geht, so feminin wie sie nur steht,
Ihre Fingernägel glänzen schier in allen Farben,
Ihre Freundlichkeit und Lieblichkeit in dieser Welt,
Sind so rar wie ihre wie ihre Herzlichkeit.

Ihr Akzent und ihre leise schmeichelnd‘ Stimme,
Sowie Ihr mädchenhaftes, ehrlich‘ Lächeln,
Durchdringen wie ein früher, erster Sonnenstrahl,
Man fühlt sich rein in ihrer Gegenwart.

Ihr selten Witz, der ansteckend sein kann,
Wie eine Krankheit, die befreiend wirkt auf einen,
Sie gibt einem tiefe Ruhe und Gelassenheit,
Ohne sie wären die hellsten Farben nur schwarz / weiß.

Freundschaft

Sie ist wie ein schützend‘ Band, das verbindet,
Zwei Glieder, die alleine würden zerbrechen,
Sie ist ein wärmender Mantel, der stets lindert,
Die Kälte, die herrscht ohne wichtig‘ Sprechen.

Sie oft dauert bereits seit vielen langen Jahren,
Wenn man Glück hat, schon gerne ein Leben,
Man sollte viel opfern, um dies so zu bewahren,
Und man sollte nie daran denken, sie aufzugeben.

Denn wenn man erkennt, dass der andere denkt,
Was einem selbst durch den Sinn gerade geht,
Ist dies ein Moment der Erkenntnis, der ablenkt,
Dass sonst oft jeder sich selbst am Nächsten steht.

Doch treue Freundschaft zu finden ist nicht leicht,
Um weit zu kommen braucht es mancher Prüfung,
Denn man weiß nie genau, ob es dazu auch reicht,
Freunde zu finden ist keine schnelle Anschaffung.

Die Magie des Kinos

Es ist ein erreichbares Tor zu fremden Welten,
Es entführt mich in andere Zeiten und an Orte,
Die Erlebnisse sind hier fast so real wie im Leben,
Doch sind sie umgeben von glamouröser Magie.

Heute bin ich im Wilden Westen, morgen schon,
Werde ich zweihundert Jahre in der Zukunft sein,
Mal bin ich in Chicago und dann auf dem Mars,
Mal als Agent unterwegs oder als gefährlicher Pirat.

Die Handlungen sind mitreißend und durchdacht,
Ich bin abgelenkt vom alltäglichen Leben wie es ist,
Werde sanft begleitet durch manche Komposition,
Aus Musik, Bildern und charismatischen Personen.

Die Schauspieler mit denen man sich identifiziert,
Führen mich durch eine Landschaft, die ich misse,
Die im wahren Leben oft recht trist und abgestumpft,
Doch auf der Leinwand wirkt sie wie frisch aufpoliert.

Erleichterung

Geschafft! Diesmal war es sicherlich das letzte Mal,
Dass ich es gewagt habe, denn der Preis war hoch,
Das nächste Mal wird noch härter werden, gar brutal,
Ohne mich, denn ich fühlte Angst, die in mir kroch.

Geschafft! Der Tag war lange, ich habe viel erreicht,
Für heute langt es mir, morgen geht es wieder weiter,
Denn jetzt fühle ich Müdigkeit, die mich beschleicht,
Trotzdem bin ich froh, weiter zu sein auf dieser Leiter.

Geschafft! Das lange erwartete Ziel ist nun in Nähe,
Ich habe viel geopfert, vieles an Kraft hineingesteckt,
Nun gehe ich ernten, hole mir die ersehnte Trophäe,
Fühle abklingende Schwere, was neue Energie weckt.

Geschafft! Ich bin gesprungen über meinen Schatten,
Dachte mir sicher, ich würde mich gar stark blamieren,
Doch ich konnte mir selbst einen Besuch erstatten,
Was zeigt, dass ich mich selbst kann stets optimieren.

Fortschritt

Sich Bewegen, sich entwickeln und verändern,
Stets nach vorn, ohne große Angst vor Scheitern,
Macht den Menschen aus, so in allen Ländern,
Er versucht, all sein Wissen immer zu erweitern.

Er nicht stehen bleiben, nicht rückwärts gehen will,
All die Forschung, all die Technik, die er kreiert,
Bringt ihn voran, sorgt dafür, dass nichts bleibt still,
Er nicht gerne sieht, wie er unnötig viel Zeit verliert.

Er greift ein in manche eklatant zugespitzte Situation,
Er versucht, die Welt zu beherrschen und verliert,
Ihn dies nicht stört, er reagiert in anderer Variation,
Und trotzt ihr, indem er mit Militär und Politik regiert.

Der essentielle Trieb ist in uns allen tief veranlagt,
Neues zu schaffen und die Welt bunt zu gestalten,
Ideen sind's nicht allein, mit denen er ans Ziel gelangt,
Vielmehr der Antrieb, der sorgt, das Dasein zu erhalten.

Der Glanz der Perfektion

Sie ist so wunderbar, doch sie ist auch unerreichbar.
Jeder versucht nach ihr zu greifen und scheitert daran.
Nichts soll glanzlos sein, alles hat zu sein glasklar.
Kleine Fehler, Makel oder Kratzer hindern aber daran.

Die Schönheit in ihr ist vollkommen, vielleicht auch göttlich.
Sie ist selten, wenn nicht gar nie existent auf dieser Welt.
Sie fasziniert, fesselt und bittet, ihr zu folgen ganz höflich,
Um dem Menschen erkennen zu lassen, dass er daran fällt.

Doch wer sagt, dass sie essentiell ist für unser aller Leben?
Heben die Schwächen nicht hervor unsere vielen Stärken?
Wegen Unvollkommenheit wird nie beschworen ein Beben.
Und wen interessiert denn dies? Wer wird es denn merken?

Vielmehr der Weg zur Perfektion ist hier von Bedeutung -
Das stete Streben, mehr zu sein, als man ist, ist wichtig,
Das macht uns menschlich, das ist keine Verleumdung,
Von unserer Existenz, die niemals erscheinen darf nichtig!

Der erste Schnee

Man kann sie deutlich fühlen, die knisternd‘ Atmosphäre,
Die herrscht zwischen kaltem Himmel und kühler Erde
- Die Luft ist rein, man kann sie spüren, die eisige Leere,
Kein Geräusch zu hören, man spürt der Wolken Schwere.

Bald ist es soweit, man wartet auf die ersten Flocken,
Die weich herabtreiben, um uns die Welt zu verzaubern,
Um sie zu verhüllen, in Gleichklang mit den Glocken,
Die ertönen, um uns der elektrisierend Stille zu berauben.

Ich blicke empor und sehe nun des Himmels holde Gaben,
Wie sie auf mich nieder fliegen, gleich einem lockend‘ Spiel,
Das auf mich wartet, um mich in ein fremdes Reich zu tragen,
Ich lasse mich treiben und erkenne auf der Reise kein Ziel.

Ich sehe eine erste weiße Decke, die die Natur beschützt,
Um sie leise ruhen zu lassen, bis die Zeit sie zärtlich weckt,
In der alles schläft, und in der wir werden ruhig beglückt,
In der jedes Jahr erneut so viel Magie und Romantik steckt.

Risiko

Es reißt dich wild mit, will deinen Pakt,
Kann mutig sein oder auch gefährlich,
Es züngelt direkt in den allerletzten Akt,
Doch manchmal ist es unentbehrlich.

Man kann es fühlen, wie es zügig naht,
Das Gefühl - man setzt auf eine Karte,
Man glaubt, man spürt den heißen Draht,
Doch die Intuition irrt oft mit ihrem Rate.

Man sich nicht nur treiben lassen darf,
Man ohne Risiko niemals nicht gewinnt,
Zur rechten Zeit am rechten Orte scharf,
Als Mensch muss man stets sein gesinnt.

Denn ohne Mut und ohne festen Glauben,
Er nur selten findet sein gestecktes Ziel.
Er dem bunten Schicksal muss berauben,
Die spitzen Zähne mit dem eigenem Spiel.

„Omnea mea mecum porto“

Viele Leute kaufen nur zu gerne all dieses und jenes,
Und wissen doch selbst oft nicht tief in sich so recht,
Was sie denn nun wirklich wollen und auch brauchen,
Warum sie es denn eigentlich ihr Eigen nennen wollen.

Dies braucht man, um zu sein schick und trendy nun,
Sonst gehört man nicht „dazu“, man ist schnell „out“,
Man benötigt es jetzt, um sich vollständig zu fühlen,
Um damit andere tiefe Defizite dezent zu kaschieren.

Dabei kann es eigentlich recht leicht sein, zu erkennen,
Dass es doch gar nicht viel erst braucht, „ganz“ zu sein,
Es sind andere Dinge, die den Menschen ausmachen,
Innere Werte, Stärken und auch manche Schwächen.

Es heißt, die schönsten Dinge im Leben sind umsonst,
Es ist wahr, angenehme Erinnerungen kosten nichts,
Dinge, die man erlebt hat und auf die Beine hat gestellt,
Sagen mehr aus, als unnütz angeschaffte Materialien.

Musik

Sie entführt uns tragend in weitgelegene Reiche,
In wunderbare Welten, die wir nicht nur hören.
Der Klang, der stets in Zeit und Raum entweiche,
Und auch im Stande ist, unser Leben zu entstören.

Melodie fließt wie in einem inspirierendem Soge,
Sie kann aufmunternd wirken sowie erleichtern,
Sie ist Kunst, die zu uns schwimmt wie eine Woge,
Und kann uns mit Harmonie und Glück bereichern.

Der Takt, der Text und die verführerische Stimme,
Die uns reisen lässt in die versteckten Dimensionen,
Die verborgen sind in unserem geheimnisvollen Sinne,
Der nur schreit, zu enthüllen alle geheimen Illusionen.

Musik hilft uns zu artikulieren so manches Gefühl,
Das wir niemals nicht von uns geben lassen würden,
Wenn wir nicht sanft von ihr getragen würden kühl,
In einen Äther, der frei ist von blockierend‘ Hürden.

Der Zeitzeuge

Damals war es eine durchaus vielversprechende Zeit,
In der man den Umgang mit Computern modifizierte,
Dies wurde benutzt, um zu erweitern unsere Freiheit,
Zu verbinden alle Menschen, indem man sie infizierte.

Auch die Experimente mit den Erbanlagen begannen,
Man versuchte stets, zu züchten manch' neue Kreation,
Und war der Ansicht, man könne all Unheil verbannen,
Doch dies war leider erst der eine Schritt zur Inflation.

Als man begann, zu entwickeln eine andere Technologie,
Um zu gelangen zu gänzlich neuartigen Energiequellen,
Wurden sie genutzt, um zu definieren eine Terminologie,
Um so manches Land mit furchterregend Waffen zu fällen.

Heute sind wir weiter zurück gefallen als in jene Epoche,
In der man froh war, zu finden Holz, um zu machen Feuer,
Doch damals war es ein Herd, an dem jeder gerne kochte,
Doch der Preis für die vielen neuen Zutaten war recht teuer.

Schutzmodus

Heute gehe ich den Tag viel langsamer an,
Habe bemerkt, dass mir einiges wird zu viel,
Wo ich sonst ja sage, sage ich heute nein,
Denn diesmal schaue ich vermehrt auf mich.

Habe heute ein anderes Raster aufgesetzt,
Einen Filter, der alles Negative ausblendet,
Der mir hilft, nur zu sehen all das Wichtige,
Das mich sicher bringt voran und nicht zurück.

Brauche jetzt Zeit, zu kurieren manche Wunde,
Die so lange wurde ignoriert und übergangen.
Die wohlige Wärme konzentriere ich auf mich,
Um mit dieser gewonnen' Kraft mich zu heilen.

Ich weiß, ich werde nicht auf ewig so verharren,
Es ist eine Übergangszeit in eine neue Periode,
In der ich wieder voll und ganz werde agieren,
Wie gewohnt, doch um einiges reifer und härter.

Streit

Es zieht langsam auf, das leise pochend‘, laue Gewitter,
Man kann es deutlich hören, wie es sich lauernd nähert,
Man weiß genau, es tritt gleich auf wie ein kämpfend‘ Ritter,
Doch man niemals ahnt genau, wie weit es sich fächert.

Nun ist es soweit, der geladene Funken hat gefangen Feuer,
Es gibt einen Brand, der vieles droht eiskalt zu zerstören,
Man hat die Vermutung, der Preis wird diesmal ziemlich teuer,
Man fleht darum, dass das Gegenüber möge einen erhören.

Mitten im Gefecht, es gibt einen stillen Moment, der ist rein,
Man versteht sich, doch man ist sich noch nicht im Klaren,
Ob alles aus ist, oder vielmehr ein Neubeginn ganz klein,
Nun kommt es auf die Stimmung an, wie wird es werden?

Nach dem lauten Knall herrscht nun langsam eine Stille,
Das dumpfe Donnern und Tosen zieht jetzt endlich weiter,
Alles was zählt, ist der neu hervorgebrachte eiserne Wille,
Dass, man werde sich ändern, und die Zukunft werde heiter.

Makrokosmos

Es ist interessant, was sich vor unseren täglich‘ Augen,
Tief im Innern der uns umgebenden Materie abspielt,
Es ist ein Tanz von fleißigen Atomen, die dafür taugen,
Um diese Welt zu gestalten, ohne dass man es befiehlt.

Elektronen, Neutronen und auch mancher positiver Kern,
Sorgen stets dafür, dass alles hält zusammen ohne Leim,
Sie sind für uns ewig nahe aber für immer doch so fern,
Und sind für unser alltäglich‘ Dasein der permanente Keim.

Doch man kann tiefer gehen, bis hinab zu den Fermionen,
Die die Diener sind der schon genannten Elementarteilchen,
Sie sind in der strikten Hierarchie seit vielen, vielen Äonen,
Das ungewisse Dunkel, das man irgendwann will erreichen.

Es geht noch weiter, bis hin zu ominösen Quarks und Strings,
Doch hier wird es düster, was mag sich wohl noch befinden,
In der großen Makrogalaxie tief in jedem Stück um uns rings?
Wir werden warten, doch wir werden stets Neugier empfinden.

Im Traum

Es war mir, als wär' ich in einem andern' fernen Leben,
Es war vieles selbstverständlich, als ob alles wär' real,
Als wäre ich ein Teil, als könnt's nichts anderes geben,
Hier war ich zu Hause, und Hindernisse waren mir egal.

Fremde und auch vertraute Gesichter rings um mich,
Unbekannte Orte und viele oftmals begangene Wege,
In verschiedenen Variationen neu und doch alltäglich,
Erschienen in alter und in neuer Zeit auf diesem Stege.

Ereignisse, wie sie geschehen in vergangenen Tagen,
Passierte ich Revue; ich war weit in der Vergangenheit,
Und in einer möglich' Zukunft, wie ich sie könnte wagen,
Hatte klare Sicht nach vorne, für eine neue Möglichkeit.

Der nächtlich' Traum ist eine Auszeit von einem selbst,
Sich zu regenerieren für die täglich' anstehende Arbeit,
Wünsche, die du dir im Leben womöglich nie erlaubst,
Für die hast du im unbegrenzten Reich genügend Zeit.

Gott sei Dank ist es Weihnachten

Gott sei Dank ist es Weihnachten, denn seit Tagen,
Warte ich nun schon auf die lange ersehnte Zeit,
In der ich still, warm, gemütlich und ohne Klagen,
Über Arbeit, Hektik und Alltag bin für kurz befreit.

Unseren Kachelofen mit knisternd‘ Holz weit gefüllt,
Orangen stehen bereit und im Hintergrund ganz subtil,
Ertönt die jährlich‘ aufgelegte alte Platte, die enthüllt,
Dass Gottes Sohn geboren und ändert nun ganz viel.

Die Katzen zu meiner Seite recken sich und gähnen,
Während ich selig das letzte Jahr lasse weit hinter mir,
Ebenso das neue, das ich noch nicht will erwähnen,
Denn nun nur der Moment zählt, das Jetzt und Hier.

Mancher aufgeschoben’ Gedanke und ungelesen‘ Buch,
Hat nun seine große Stunde, denn heute hab’ ich frei,
Besinne mich auf meine kleine Welt und den Geruch,
Der um mich strömt, doch beim Trubel bin ich nicht dabei.

Ästhetik

Ästhetik.
Vielerlei Variationen.
Im Kleinen, sowie im Großen.
Sie bezaubert, hebt uns auf eine andere Ebene.

Sie existiert in Mode, Bau, Rhetorik, Musik und Kunst,
Hat kein Ziel, dient nur der menschlichen Empfindung,
Dekoriert unser täglich‘ Sein und entfernt einen Dunst,
Der entstehen kann bei gewohnter, trister Umgebung.

Symmetrie, Gleichklang, Illusion und manche Perfektion,
Sind der verborgene Schlüssel zu der verschlossen' Tür,
Die uns führt in ein Gebiet mit ungeahnter Akkumulation,
Die gibt uns Kraft - es lohnt sich allemal, zu leben hierfür.

Es gilt, die noblen Ideen der Erschaffer zu würdigen.
Die Kleinen, sowie die Großen.
Mit viel Gefühl.
Immer.

Ein Hauch von Atmosphäre

Sie ist so knisternd, man kann sie deutlich prickeln fühlen,
Auf der Haut, sie ist hier in der Luft und sanft umhüllt mich,
Eine andere Sicht beherrscht mich nun, will mich berühren;
Das, was ich nicht erfassen kann - es ist nun ganz dicht.

Es ist ein ganz bestimmtes Gefühl, das doch so göttlich,
Ich sehe Dinge fremd, gelassen, aus einem andern‘ Winkel,
Man taucht ein in ein unterschiedlich‘ Weltbild, das wörtlich,
Ich nicht beschreiben kann und leuchtet wie eine Fackel.

Es hilft mir, zu glauben, dass es gibt eine mächtige Kraft,
Die alles regelt, dass es noch Unbekanntes im Leben gibt,
Das wichtiger ist als der Alltag, der manchmal so zaghaft,
Verläuft in all seinen Routinen, und nicht wirklich überwiegt.

Ein Erlebnis, Musik oder auch ein Treffen mit alten Freunden,
In der Religion, in uralten Riten oder vielen kulturellen Festen,
Kann man dies erfahren, ganz subtil und völlig ungebunden,
Dass sich unser aller Leben kann für kurze Zeit auch wenden.

Wurzeln der Heimat

Ich war weit fort und lange Zeit schon weg,
Habe viel gesehen und einiges auch erlebt,
Doch nirgends sonst wo gibt es einen Fleck,
Als die liebe Heimat, die einen hat geprägt.

Die Häuser, die Ortschaft und viele Personen,
Sind einem sehr vertraut, denn sie sind ein Teil,
Tief in uns, der sich niemals nicht lässt leugnen,
Denn sie waren stets Begleiter und Rettungsseil.

Auch das Kinderhaus und die Heimat der Eltern,
Weisen auf die Details in Geruch oder Gestalt,
Die einen warm zurückversetzen in ferne Welten,
In denen sie waren ein immer sicher Aufenthalt.

Vor allem Personen, die jetzt nicht mehr weilen,
Fehlen sehr, wenn man zurück denkt an jene Zeit,
Und versucht zu formulieren Abschiedszeilen,
Die jedoch nur stoßen auf unerwartet Einsamkeit.

Sport

Bewegung, die zum täglich Ausgleich hilft,
Zeigt dir den Weg, den man bestreiten muss,
Wenn Stress und Frust gleich ätzend‘ Gift,
Stören deines vital Geist‘ und Körpers Fluss.

Anfang ist hart, wenn noch nichts erreicht,
Doch „step by step“, und Schritt für Schritt,
Sich langsam müßig steigern, so ist es leicht,
Das gesteckte Ziel zu erreichen und zwar: fit.

Gefragt sind starker Wille und auch Ehrgeiz,
Erst durch ständig‘ Training und viel Motivation,
Verliert die lauernd‘ Fäule ihren lockend‘ Reiz,
So wird mancher erleben eine kleine Sensation.

Danach fühlst du dich leicht wie eine Feder,
Dein Geist und Körper atmen ohne jedes Gift,
Beginnen kann nun wirklich einmal ein jeder,
Das ist ein kleiner Ratschlag, der jedem hilft.

Untergang einer Demokratie

„Für die Freiheit, für den unbedingten Schutz,
Für die stete Bedrohung unbekannter Herkunft,
Zur Reinigung und Beseitigung von Schmutz,
Sichern wir frohen Mutes unsere holde Zukunft.

Seht hin, es droht der Krieg, der alles zerstört!
Wenn wir jetzt nichts unternehmen, dann wir nie!
Darum stimmen wir in aller Sinne jetzt unempört,
Wir niemals nicht werden gehen in die Knie!

Um dies und jenes wirksam zu bewerkstelligen,
Bitte ich um eine Kleinigkeit, die nichts bedeutet,
Und sei es nur für unbestimmte Zeit ihr Willigen,
Ich verhänge die Notstandsverordnungen heute.

Dies ist natürlich nur für kurze Zeit und es ist klar,
Dass Menschenrechte hier keinesfalls von Nöten,
Um zu erfüllen mein gestecktes Ziel, das mir so rar,
Könnte es sein, dass ich die Gegner muss töten...“

Déjà Vu

Da war es wieder - auf einen Schlag ganz klar,
Ein Gefühl, als ob ich es hätt' schon einmal erlebt,
Es ist sicher keine Täuschung, ist es doch so real,
Ich war hier schon zur selben Zeit am selben Ort!

Doch ich überlege und kann mich nicht entsinnen,
Wann ich es erlebt, aber das Gefühl sagt anderes.
Der Eindruck verblasst und ich denke sachlich mir,
So ein Blödsinn, es kann gar nicht gewesen sein...

Da! Schon wieder, es durchfährt mich wie ein Blitz,
Es ist unheimlich, ich weiß genau, was jetzt passiert!
Es gibt jetzt keinen Zweifel, der Geruch, die Situation,
Und alles um mich herum hab' ich schon exakt erlebt.

Lebe ich in einer Parallelwelt oder einer Zeitschleife,
In der ich festsitze und alles wiederholt durchlebe?
Ich ignoriere es und führe es ganz nüchtern zurück,
Dass es vermutlich eine Fehlschaltung im Gehirn ist.

Der Stich der Enttäuschung

Ein stechend‘ Gefühl, das mich bringt zu Boden,
Das mich überlegen lässt, warum und weshalb?
Der Zweifel wächst, die Motivation ist nun entzwei,
Vieles hat jetzt auf einmal an Bedeutung verloren.

Die Freude ist weg, der Antrieb gleich auf null,
War doch vor Kurzem noch alles weich und bunt,
Aber nun ist das Fundament wackelig und bricht,
Fehlt nur noch ein kleiner Stoß und alles ist vorbei.

Doch so weit lasse ich es niemals erst kommen,
Versuche vehement, die Reste neu zu formieren,
Denn so manches ist durchaus noch heil geblieben,
Was sich leicht reparieren und neu polieren lässt.

Ich konzentriere mich auf andere wichtige Dinge,
Lenke mich ab und lass‘ die Zeit schnell vergehen,
Ich lehne mich zurück und schaue nur gelassen zu,
Wie das Gras wächst über die kaputten Überreste.

Am Silvesterabend

Kurz vor dem Jahreswechsel, bevor es wird recht laut,
Denke ich im Stillen für mich, was das Jahr gebracht,
Was ich so geschafft, was ich mich alles hab' getraut,
Was ich kann ändern, worüber ich nicht hab' gelacht.

Ich gehe zurück ins letzte Jahr, lasse wieder passieren,
Was die Höhepunkte waren, was habe ich denn gefühlt,
Versuche, so manches Geschehen neu zu analysieren,
Und bin gespannt, was mir diese ferne Sicht enthüllt.

Ich komme zu dem Schluss: Dies war ein gutes Jahr,
Ich bin gesund, habe etwas verändert und viel gesehen,
Ich bin im Reinen mit dem, was ich verlor und was so war,
Denn es ist nichts still geblieben, es ist viel geschehen.

Nur noch wenige Momente bis zum neuen Abschnitt,
Eine frische Herausforderung, mit 365 vollen Tagen,
Was mag wohl Neues auf mich warten auf diesem Ritt,
Der mich kühn hoffen lässt: Ich kann viel Neues wagen.

Alpha und Omega

Weißt du noch, wie damals alles hat begonnen?
Nun stehen wir hier am Ende und alles ist vorbei,
So wie heute ist die Zeit nie so schnell verronnen,
Jetzt ist Schluss, sind wir jemals wieder mit dabei?

Am Anfang stand viel an Arbeit vor uns, kein Ende,
War jemals in Aussicht, volle Fahrt stets voraus,
Jedes kommend' Unheil, das ich von dir abwende,
Kann ich stoppen, doch dieses eine Mal ist es aus.

Die Zeit war gnadenlos, vieles ist jetzt schon geschafft,
Es war die beste aller Zeiten, es war die schlechteste,
Vieles war falsch, oft haben wir uns wieder aufgerafft,
Doch genossen haben wir auch die gekommen' Feste.

Es ist die Zeit gekommen, endlich einmal aufzuhören,
Wir können zufrieden sein, der Tag war endlos lang,
Wir haben keinen Drang, uns irgendwie daran zu stören,
Denn jedes Ende ist immer zugleich ein neuer Anfang.

Das Projekt

Ich habe eine Idee und ich werde sie verwirklichen,
Ich lege alles daran, den kühnen Plan umzusetzen,
Habe mich entschlossen und bereite mich nun vor,
Überlege was ist nötig und was muss ich vorbereiten.

Der frühe Anfang fällt oft schwer und ist ohne Elan,
Doch ich beginne einfach und beobachte den Erfolg,
Der beginnt, erste Konturen langsam anzunehmen,
Die sich flechten zusammen zu einer klaren Struktur.

Nun bin ich mitten drin, voller Schwung und Ausdauer,
Hab' den Dreh jetzt endlich raus und ich weiß genau,
Wie es funktioniert und wie es schließlich aussehen soll,
In meinen Kopf war es schon lange vorher fertig gestellt.

Die Zeit verrinnt jetzt wie im Flug und ich merke kaum,
Dass ich schon fast am Ende bin und es nur noch fehlt,
Der letzte Schliff und hier und dort eine Verbesserung,
Doch in Gedanken bin ich längst beim nächsten Gerüst.

Abenddämmerung

Der lange dauernde Tag ist nun wirklich vorüber,
Ich sehe zum rotdurchleuchteten Horizont hinüber,
Was geschehen ist, geht jetzt still und ruhig zu Ende,
Ich schaue demütig hinab in meine vollen Hände.

Die milde Sonne kann ich ohne Schmerz betrachten,
Sie erinnert mich an Zeiten, an denen wir alle lachten,
Die letzten Strahlen wärmen mein entspanntes Gesicht,
Bald wird es immer verschwunden sein, das helle Licht.

Die munter zwitschernd‘ Vögel singen mir ein letztes Lied,
Ich denke mir, er kommt viel zu früh, der große Abschied,
Heute hab’ ich viel erlebt, doch ich wüsst‘ noch mehr zu tun,
Bin ich denn echt bereit, von nun an nur noch zu ruhn‘?

Der erlebte Tag war schön, vieles wird mir sicher fehlen,
Ich konnte alles machen, doch kann ich Zeit nicht stehlen,
Nun kann ich in die Ferne blicken und erkenne nichts,
Doch ich sehe etwas anderes - Eine Gestalt des Lichts...

Der Autor

Christian Johannes Pichlmeier wurde am 7. Mai 1983 in Eggenfelden geboren. Er ist von Beruf Chemielabortechniker und in der Spurenanalytik / Qualitätssicherung in einem Lebensmittelkonzern tätig.